現場からみた
労働法３
―コロナ禍の現状をどう読み解くか―

小嶌典明　著

まえがき

本書は、『現場からみた労働法――働き方改革をどう考えるか』、および『現場からみた労働法2――雇用社会の現状をどう読み解くか』の続編に当たる。

この二年余りの間、世界はコロナ禍にあった。そこで、本書もサブタイトルを「コロナ禍の現状をどう読み解くか」とした。コロナの問題を離れ、労働法の領域に閉じこもって考えることなど、およそできなかったからである。

本書の第一部「講話編――40Stories」は、『文部科学教育通信』の四八九号（令和二年八月十日号）から五二八号（令和四年三月二十八日号）までに掲載された「現場からみた労働法」（第八一回～第一二〇回）をもとにしている。

『文部科学教育通信』への連載も、本年八月で一一年目に入る。「現場からみた労働法」は、現在の勤務先に移ってから連載を開始したものであるが、五年が経過した（一二〇回を迎えた）ことを機に、心機一転の意味で、この四月以降、「新・現場からみた労働法」として連載を継続することにした。

いつまで続けられるかはわからないとはいえ、現役でいる限り、つまり現場と直接かかわっている限り、連載は続けたいと思っている。

続く第二部「思索編——3 Articles」には、勤務先の紀要に掲載した論稿のほか、ネット配信のアドバンスニュース（https://www.advance-news.co.jp/）スペシャルコンテンツ欄に掲載された記事を含む、三編の論稿（最後の一編は、フェイスブックに投稿したもの）を収録している。統計と法律は、素直に読む。統計については素人ではあるものの、それがこの第二部でも、筆者のスタンスとなっている。

執筆当時の内容はあえてアップ・デートせず、加筆修正は必要最小限のものにとどめる（追加情報は、読者にとって有益と考えられるものに限る）。その代わり、末尾に刊行年月等を付記する。こうした方針は、今回も変わっていない。

なお、本書の出版に当たっては、これまでと同様に、ジアース教育新社の加藤勝博代表取締役社長、および同社編集部の中村憲正氏に、大変お世話になった。この場を借りて、深甚なる謝意を表したい。

令和四年四月　関西外国語大学中宮キャンパスにて

小　嶌　典　明

目　次

第一部　講話編

——40 Stories

第一話　数値を読み解く（１）

失業統計にみる日米の違い

アメリカの「雇用状況調査」（Employment Situation）は、わが国の「労働力調査」と同様、午前八時半にその結果が公表される。

前者は労働省労働統計局のためにセンサス局が実施し、後者は総務省統計局が実施主体となる。報告時期の違い（アメリカは月初、日本は月末）こそあれ、いずれも月次調査であることに変わりはない。

二〇二〇年五月八日にリリースされた同年四月の「雇用状況調査」の結果は、過去に例をみないものであった。

失業率がたった一か月で一〇・三％も上昇し、一四・七％を記録する。上昇率・失業率ともに、その数値は、統計史上（季節調整値によるデータが入手可能な一九四八年一月以降）最大のものとなった。

このことに関連して、失業者数は前月比で一五九〇万人増加し、二三一〇万人を記録。

その一方で、就業者数は二三四〇万人の減少（一億五五八〇万人が、一億三三四〇万人に減少）を余儀なくされた。

確かに、その大部分（一八一〇万人）は、一時的なレイオフ（temporary layoff）によるものではあった。とはいうものの、アメリカはやはり桁が違う（なお、同国の人数は一万人台で四捨五入。以下同じ）。

他方、二〇二〇年（令和二年）五月二十九日に公表された、四月の「労働力調査」（基本集計）からは、次のようなわが国の雇用・失業状況が明らかになる。

失業者数は、前年同月比で一三万人増え、一八九万人を記録。その結果、失業率は前月よりも〇・一％高い、二・六％となった。

むしろ、就業者数や雇用者数が前年同月比で八八か月ぶりに減少した（言い換えれば、令和二年三月まで八七か月間＝七年三か月間も増加を続けた）ことが耳目を引く。そんな調査結果であった。

その後、六月五日にリリースされた五月の「雇用状況調査」では、アメリカにおいても雇用・失業状況に若干の改善がみられた。

すなわち、失業者数・失業率ともに、依然として高止まりが続いていたとはいえ、この一か月間に、失業者数は二一〇〇万人減少し、二一〇〇万人となり、失業率も一・四％低い一三・三％を記録（なお、就業者数は三八〇万人増加）した。

「本日の調査報告は、経済活動の再開が予想よりも早く、かつ力強いものであったことを反映し、雇用の伸びはより大きく、失業率はより低い（more higher job creation and lower unemployment）ものとなったことを示している」。「コロナ・ウイルスがアメリカの労働市場にもたらした最悪の状況は去った（behind us）ようにみえる」。ユージーン・スカーリア労働長官は、調査結果をこのように総括した。

これに対して、六月三十日に公表された五月の「労働力調査」では、次のようなわが国の事情が明らかにされる。

失業者数は、前年同月比で三三万人増え、一九八万人を記録し、失業率は、前月よりも〇・三％高い、二・九％となった、というのがそれである。

失業者数は、どうにか一〇〇万人台に抑えられ、失業率も、三％に満たない水準を維持している（ちなみに、アメリカでも、絶好調であった経済を反映して、二〇二〇年二月までの約一年間、失業率は三％台をキープしていたが、このこと自体、同国では異例）。

休業者数が六〇〇万人近く（五九七万人）まで増加した四月に比べるとかなり減少したとはいえ、なお四〇〇万人台（四二三万人）の高水準にあることは、確かに気がかりではあったが、その深刻さは、およそアメリカの比ではなかった（なお、リーマン・ショックのときも、アメリカの失業率は、一〇％前後の水準にあった）。

にもかかわらず、六月三十日の夕刊をみる限り、わが国の労働市場を相当深刻なものとして描く記事が目立った。

例えば、『日本経済新聞』の夕刊は、次のようにいう。「完全失業者は二〇一七年五月以来三年ぶりの高水準となった。増加幅はリーマン・ショックの影響が出ていた一〇年一月以来の大きさだ」。「完全失業率（季節調整値）をみると、二・九％と前月から〇・三ポイント悪化した。急激な上昇で、一七年五月以来の高水準となった」。

また、厚生労働省によって同日公表された五月の有効求人倍率（季節調整値）についても、その「下げ幅は一九七四年一月以来、四六年四カ月ぶりの大きさ」であったことを、同紙は強調した。

右の点については、加藤勝信厚生労働大臣も記者会見の場で言及しているが、前月比で〇・一二ポイント下がった（これでも「過去二番目に大きな下げ幅」となる）とはいえ、有効求人倍率は一・二〇倍と、なお一倍を上回っていた（就業地別の有効求人倍率が一倍を下回った県は、〇・八六倍の沖縄県以外になかった）ことは留意されてよい。

国の支援もあって、民間企業が雇用の維持に努めた結果、現在の低い失業率や高い有効求人倍率も維持されている。そうした努力がなければ、失業率はもっと上昇し、求人倍率はもっと下がっていたに違いない。しかし、このような〝事実〟は、統計には表れない。

アメリカ人のように楽観的になれとはもとよりいわないが、過度に悲観的になる必要もない。国民が将来に希望を持つことができるよう、明るい展望を示すこともまた、行政やマスコミの大切な役割といえよう。

新型コロナと国際比較統計

二〇二〇年六月二十九日、厚生労働省のまとめによると、新型コロナ・ウイルス感染症による世界の感染者数が一〇〇〇万人を超え、死亡者数も五〇万人を超えた。

世界保健機関（ＷＨＯ）の報告書（World malaria report 2019）によると、最も代表的な感染症であるマラリアによる死亡者数は、年間およそ四〇万人（二〇一八年は、四〇万五〇〇〇人。ただし、それより少し前、二〇一〇年には、五八万五〇〇〇人と、六〇万人に近いレベルにあった）。このことから考えても、新型コロナの感染状況は、新しい段階に入ったといえる。

では、その内訳（二〇二〇年六月二十九日現在）は、どうか。

感染者数は、上位一〇カ国で、約三分の二（六五・七九％）を占める。一位のアメリカ（二五四万八九九六人）と、二位のブラジル（一三四万四一四三人）だけでも、四割近く（三八・五一％）になる。

他方、死亡者数は、上位一〇カ国で、四分の三強（七六・四一％）を占める。一位がアメリカ（一二万五八〇三人）、二位がブラジル（五万七六二二人）という順位は変わらないものの、両国のシェア（三六・五七％）は、感染者数と比べると、二ポイントばかり低下する。

その結果、致死率（感染者数に占める死亡者数の割合）は、両国（アメリカ四・九四％、ブラジル四・二九％）ともに世界平均（四・九六％）を下回ることになった。

致死率だけをみると、むしろ日本のほうが高い（五・二六％）。ただ、感染者数（一万八四七六人）も死亡者数（九七二人）も圧倒的に少ない日本と、その数が突出して多いこれら両国を、致死率という尺度で比較すること自体にそもそも無理がある。

なお、死亡者数でみた上位一〇カ国のうち人口一〇万人当たりの死亡者数が二五人を上回っていたのは六カ国。これを数の多い順に並べると、次のようになる（人口は、総務省統計局『世界の統計二〇二〇』による。ちなみに、日本は〇・八人）。

①イギリス（六四・六人）、②スペイン（六〇・七人）、③イタリア（五七・三人）、④フランス（四五・七人）、⑤アメリカ（三八・二人）、⑥ブラジル（二七・三人）

同様の比較（令和二年五月四日時点）は、これまでにも行ったことがある（拙著『現場からみた労働法２――雇用社会の現状をどう読み解くか』（ジアース教育新社、令和二年）二三五―二三六頁）が、感染状況を最も的確に表した数値として、今後ともその推移には注目したい。

（令和二年八月十日）

第二話　数値を読み解く（2）

エグゼンプションの日米比較

「新たに一三〇万人の労働者が残業手当の支給対象に（Overtime for 1.3 million more workers）」。

アメリカ労働省賃金時間部のサイトに掲載された Final Rule: Overtime Update では、ホワイトカラー・エグゼンプションに関する制度改正（二〇二〇年一月一日施行）の骨子が、現在なお、このようなキャッチ・コピーのもとに記されている。

制度改正の具体的内容については、拙著『現場からみた労働法２――雇用社会の現状をどう読み解くか』（ジアース教育新社、令和二年）一五三頁以下で既に詳細な説明を行ったので、これを改めて繰り返すようなことはしない。

一三〇万人のホワイトカラーが制度改正によって、エグゼンプション（割増賃金規制の適用除外）の対象ではなくなった。キャッチ・コピーは、このようにも読める。

だが、ホワイトカラー・エグゼンプションの対象労働者は、制度改正後も優に三〇〇〇万人を超える。こうした事実にも目を向ける必要がある。

このことに関連し、二〇一九年九月二十七日に連邦官報（84 FR 51230）に公示されたホワイトカラー・エグゼンプションに関する改正ルール（Final Rule）は、以下のような推計を行っている。

○　制度改正前のホワイトカラー・エグゼンプションの対象労働者……三三四〇万人
・　うち、標準となる収入要件の変更によってエグゼンプションの対象から外れる者……………………一二〇万人
・　うち、高額報酬労働者に係る収入要件の変更によってエグゼンプションの対象から外れる者………………一〇万人

その結果、連邦官報には明示されていないものの、制度改正後のホワイトカラー・エグゼンプションの対象労働者は、三二一〇万人となる。

右にいう標準となる収入要件（Standard Salary Level）の変更とは、年収二万三六六〇ドルから三万五五六八ドルへのアップをいい、高額報酬労働者に係る収入要件（highly compensated employees）の変更とは、年収一〇万ドルから一〇万七四三二ドルへの引上げを意味する。

ただ、ホワイトカラー・エグゼンプションの対象労働者には、収入の多寡にかかわらず適用除外の対象とされてきた、医師や教師等の職業（In named Occupation）に従事する

者も含まれている。

その数、七八〇万人。今回の制度改正によって、このような労働者が影響を受ける可能性など、端からなかったのである。

ともあれ、ホワイトカラー・エグゼンプションという呼称に、偽りはなかった。以上を要するに、アメリカについては、このようにいうことが可能であろう。

では、わが国はどうか。

適用除外の対象といえば、現在も労働基準法（労基法）四十一条二号に定める管理監督者が、その大半を占める。

総務省統計局の「労働力調査」によると、管理的職業従事者の数は、二〇〇九年（平成二十一年）の一六九万人が二〇一九年（平成三十一年／令和元年）には一二八万人に減るなど、年々減少する傾向にある（以上、長期時系列表を参照）。

そのすべてが労基法上の管理監督者に該当するとしても（なお、右の数値は、雇用者数ではなく、就業者数を表したものであることに注意）、その数はたかがしれている。

平成三十一年四月にスタートした、労基法四十一条の二に定めを置く「高度プロフェッショナル制度（高プロ）」に至っては、その利用者はわずかに四一四人を数えるにすぎない（令和二年六月二十日付け『日本経済新聞』朝刊「『ジョブ型』、労働規制が壁／コロナ下の改革機運に水」を参照）。ほとんど利用されていない、というほかない。

さらに、アメリカではエグゼンプションの対象となる裁量労働従事者（Administrative Employees）についても、わが国の現状には相当問題があるといわざるを得ない。

すなわち、企画業務型裁量労働制に関する決議届の件数が近年減少傾向にある、という事実がそれである。

具体的には、労働基準監督年報によると、決議届の件数は、平成二十八年の三〇九四件が、二十九年には二八七二件となり、三十年には五年前の二十五年の件数（二六七〇件）をもわずかながら下回る、二六六四件にまで減少している【注：令和元年には二四四五件、二年には一七四五件まで減少】。

なるほど、専門業務型裁量労働制に関する協定届の件数は、この二年間に九六七八件から一万〇三四六件へと増加したものの【注：ただし、令和元年以降は減少に転じ、二年には九一五三件まで減少】、企画業務型の活用事業所が減ったことの言い訳にはならない。

厳密にはエグゼンプションの制度とは違って、みなし労働時間制にとどまるとはいえ、裁量労働制についても、企画業務型を中心に制度設計のあり方を見直す必要がある。監督年報に示された数値からも、その必要性は大きいというべきであろう。

なお、世界には、シンガポールのように、月収（諸手当を含まない基本給の額）が一定額を超えない労働者に対してのみ、労働時間（法定労働時間は一日八時間、一週四四時間）や休日（一週一日）に関する規定の適用を認める国もある。

シンガポールにおける主な労働立法である雇用法の第四編（Part IV of the Employment Act）の適用について規定した同法三十五条の定めがそれであるが、肉体労働者（work-men）の場合、四五〇〇シンガポール・ドル（一シンガポール・ドル＝七八円で換算して、三五万一〇〇〇円）が、それ以外の労働者の場合には、二六〇〇シンガポール・ドル（二〇万二八〇〇円）が、それぞれ適用の有無を分ける基準となる。

ここまで簡素化しろとはいわないものの、高プロにせよ、企画業務型にせよ、わが国の現行制度は複雑にすぎる。そう考えるのは、おそらく筆者だけではあるまい。

新型コロナ世界統計と信頼性

誰にでもミスはある。厚生労働省も、その例外ではない。同省が公表した「新型コロナウイルス感染症の現在の状況と厚生労働省の対応について（令和二年七月十八日版）」も、その一例に数えられる。

世界の感染者数や死亡者数が、前日よりも少ない。更新なしとはあったが、十七日現在ではなく、十二日現在のデータが誤って掲載されていたことは、すぐにわかった。

日曜日を挟んだせいか、差し替えは二日後（七月二十日）になったが、一見してミスとわかる誤りは、社会に対してそれほど大きな害は及ぼさない。

問題は、一見した限りではわからないミス（誤報）にある。

例えば、新型コロナによる中国の死亡者数は、五月十七日以来、四六三四人で変わっていないことを、右の厚生労働省の公表データは示している。

さらにいえば、五月十七日までの一か月間でみても、この間に死亡者数は二人しか増えていない（四月十八日から二十六日までが四六三二人。同月二十七日から五月十六日の間が四六三三人）。

常識ではあり得ない数値といえるが、中国政府の公表データに基づいている以上、そのまま注釈を付けずに掲載するしかない。

「二月十三日より診断基準変更（湖北省においては、臨床診断病例が追加）」。実際にも中国については――正確には七月末現在、中国についてのみ――このような注が付されるにとどまっている。

こうしたなか、イランのロウハニ大統領が七月十八日、テレビ演説で「国内の新型コロナウイルスの感染者が推計で二五〇〇万人に上ると述べた」と、ロイター通信を通じて報道があり、世界の注目を集めた。驚天動地とは、このことをいう。

ただ、このような事態が続けば、世界統計など、誰も信じなくなる。統計の信頼性が、今問われている。こういっても、大過はないであろう。

（令和二年八月二十四日）

第三話　数値を読み解く（３）

予想を下回った日米の失業率

失業率は二・八％、前月に比べ〇・一ポイントの低下。令和二年七月三十一日に総務省統計局が公表した「労働力調査」（基本集計）の結果は、わが国における同年六月の失業率（季節調整値）が、このような高失業率とはおよそいえない、低率をキープしていたことを明らかにした。

市場予想の中央値は、三・一％（調査結果公表直後の日経ＱＵＩＣＫニュースによる）。失業率が二％台にとどまるだけでなく、前月の水準をも下回る。筆者のような統計の素人にとっては、ミラクルとしかいいようのない数値であった。

「コロナ解雇四万人超　一カ月で一万人増、厚労省　雇用情勢好転の兆しなく」。右の調査結果が公表される前日、共同通信の配信記事はこのように見出しを打ったが、こんな記事ばかり目にしていれば、失業率は上昇するものと誰もが思ってしまう。

確かに、四万人超といっても、それが解雇等（解雇・雇止め）の見込み労働者数を指すことは、記事の本文を読めばわかる。

厚生労働省も、後に公表された「新型コロナウイルス感染症に起因する雇用への影響に関する情報について」（七月三十一日現在集計分）において、同感染症に起因する解雇等見込み労働者数は、四万一三九一人。前週からの増加分は二三三二人であったとしている。したがって、右の配信記事が誤報であったというわけではない。

しかし、仮に失業者が四万人増えたとしても、それは失業率をわずかに〇・〇六％引き上げるもの（これにより、失業率は二・九％となる）でしかない。

また、「労働力調査」と同時に公表された、厚生労働省の業務統計である「一般職業紹介状況」によれば、令和二年六月の有効求人倍率は、前月に比べ〇・〇九ポイント低下したとはいうものの、なお一・一一倍を記録するものであった。

「五年八か月ぶりの低水準」。有効求人倍率の現状を伝える報道記事のなかにはこのような記述もみられたが、それよりもさらに長い六年間、有効求人倍率が継続して一倍に満たない水準にとどまっていた時期もあった（平成十九年十一月〜二十五年十月。二十一年には、年間平均で〇・五倍を切る）という事実にも触れないと、認識を誤る。

他方、アメリカの失業率も、日本と同様に予想を下回った。二〇二〇年八月七日に公表された同年七月の失業率がそれである。

「雇用状況調査」報告によると、就業者は前月より一八〇万人増加し、失業率は一〇・

二％に低下するものとなったが、「市場予測は失業率が一〇・五％、就業者数の増加幅は一六〇万人」であった（八月八日付け『日本経済新聞』による）という。

なるほど、失業者の減少幅が一四〇万人にとどまったことは、六月の三二〇万人減（七月二日リリース）と比べると、ペースダウンしたとの感はある。

就業者の伸びも、五月には二七〇万人（第１話とは違い、Household Survey Data ではなく、Establishment Survey Data の数値による）、六月には四八〇万人あった。

これらの事実をもとに、ユージーン・スカーリア労働長官は、七月の就業者の増加（the July job gains）は、アメリカ「史上三番目に大きな伸び（the third largest in history）」であったとする。

そこにウソ偽りはないものの、一番大きな伸びを記録したのが同じ年の六月、二番がその前月に当たる五月であったことへの言及は一切ない。

いかなる事実を前にしても、常に前向きに考える姿勢を失わない。劣位戦をいつのまにか優位戦に変える。さすがアメリカ人というのが、正直な感想であった。

これに対して、わが国の大臣が記者会見で話す内容は、ジョークはもとより、事実に対する大臣自身の評価と思しきものをほとんど含まないものとなっている。

例えば、令和二年七月三十一日の高市早苗総務大臣による閣議後記者会見にみられる、次のような発言は、その典型といえる（以下、改行は省略）。

「六月の完全失業率は、季節調整値で二・八％と、前月に比べ〇・一ポイント低下し、七か月ぶりの低下となりました。就業者数は六六七〇万人と、一年前に比べ七七万人減少し、三か月連続の減少となりました。また、就業者のうち、休業者数は二三六万人と、一年前に比べ九〇万人の増加となりました。五月と比較してみますと、増加幅は一八四万人の縮小となっています。これは、五月に休業者であった方のうち、約半数は休業の状況が続いているものの、残りの多くの方々が仕事に戻ったためとみられます。新型コロナウイルス感染症の影響が大きく現れておりますので、今後も十分に注視してまいります」。

揚げ足をとられたくない。そうした気持ちもわからないではないが、面白みにも迫力にも欠ける。何とかならないかと考えるのは、おそらく筆者だけではあるまい。

数字を比べてみてわかること

令和二年（二〇二〇年）八月十一日、厚生労働省のまとめによると、新型コロナの感染者数が世界全体で二〇〇〇万人を超えた。翌十二日には、わが国の感染者数も五万人を突破するに至っている。

とはいえ、最も代表的な感染症であるマラリアの場合、世界の感染者数は毎年二億人を優に上回る。

アフリカ地域がマラリア感染者の九割以上を占める（以上につき、**第一話**でも参照した

WHOの報告書、World malaria report 2019を参照）とはいうものの、新型コロナの感染者数は依然としてその一〇分の一程度にとどまっている。

ベストセラーとなったハンス・ロスリングほか著『FACTFULNESS』（日経BP社、平成三十一年）も次のごとく述べるように、〝過大視本能〟を抑えるためには、数字を比べてみることが必要になる。

「不思議なことに、ある程度ケタの数が増えると、ほかの数字と比較しない限り、どんな数でも大きく見える。数字が大きく見えると、その数字がさも重大なことを表しているように思えてくる」（二六九頁）。新型コロナのデータをみるに当たっても、このことを肝に銘ずるべきであろう。

さらに、新型コロナに関する数値については、感染者数よりも死亡者数が重要な意味を持つ。わが国における死亡者数は、欧米諸国に比べきわめて少ない。また、高齢者がその大半を占めることも広く知られている。

例えば、第六回「新型コロナウイルス感染症対策分科会」に提出された資料によれば、令和二年八月十九日現在の死亡者数は、計一一〇八人。その内訳は、次のようになる（構成比を算出する際の分母には、不明・非公表の七人を含む）。

一〇代以下　〇人（〇・〇%）
二〇代　一人（〇・一%）

三〇代　　　四人（〇・四％）
四〇代　　一四人（一・三％）
五〇代　　　四〇人（三・六％）
六〇代　　一一四人（一〇・三％）
七〇代　　三〇二人（二七・三％）
八〇代以上　六二六人（五六・五％）

実に、七〇代以上で、全体の八三・八％を占める。ただ、このこと自体は少しも驚くに値しない。厚生労働省「令和元年（二〇一九）人口動態統計月報年計（概数）」によれば、七〇代以上の者が死亡者全体に占める割合も、ほぼ同じ水準にある（同年における死亡者数は、総計一三八万一〇九八人。うち、七〇代以上の者は、その八五・〇％に当たる一一七万四三一七人を数える）。

年齢を重ねるにしたがって、病気に対する抵抗力は衰える。新型コロナに限って、高齢者の死亡率が高くなるわけではない。データからも、このことは明らかといえよう。

（令和二年九月十四日）

第四話　言葉を読み解く（１）

定義のない感染症

法令用語には、定義がある。だが、曖昧さを嫌う法律の世界にも、例外はある。例えば、「労働組合」。労働基準法の本則に限っても、六〇回近く登場する法令用語ではあるが、同法に「労働組合」を定義した規定は存在しない。

法令中の「労働組合」が「労働組合法第二条の労働組合」ないしは「労働組合法による労働組合」を意味することを明確にした法令は、ごく少数にとどまる（拙著『労働法とその周辺――神は細部に宿り給ふ』（アドバンスニュース出版、平成二十八年）四八頁以下、五三―五四頁を参照）。

「労働組合といえば、それで意味が通る。結構な話ではある。しかしながら、労働組合という言葉が人口に膾炙しているというだけで、法律上も定義なしにすませてしまうという現状には、やはり疑問が残る」（前掲・拙著五四頁）。「感染症」についても、これと同じことがいえる。

労働組合法の場合、二条が「労働組合」の定義規定であったように、感染症法（感染症の予防及び感染症の患者に対する医療に関する法律）にも、次のように定める規定が置かれている。ただ、いずれの場合も、当該法律における「労働組合」あるいは「感染症」の意味を定義したものでしかない。

（定義等）

第六条　この法律において「感染症」とは、一類感染症、二類感染症、三類感染症、四類感染症、五類感染症、新型インフルエンザ等感染症、指定感染症及び新感染症をいう。

2～9　略（二項は一類感染症、三項は二類感染症、四項は三類感染症、五項は四類感染症、六項は五類感染症、七項は新型インフルエンザ等感染症、八項は指定感染症、九項は新感染症に関する規定）

10　以下、略

新型コロナウイルス感染症は、六条八項に定める指定感染症に含まれる（感染症を特定した上で、政令による指定が行われた）【注：令和三年二月の感染症法六条の改正により、新型コロナウイルス感染症についても、同条七項に定義規定が設けられた。この点につき、詳しくは、**本書第二部第二章**の記述（二七八頁以下）を参照】が、例えば出入国管理及び難民認定法には、右にみた感染症の定義をもとに、次のような規定が設けられている。

（上陸の拒否）

第五条　次の各号のいずれかに該当する外国人は、本邦に上陸することができない。
一　感染症の予防及び感染症の患者に対する医療に関する法律（略）に定める一類感染症、二類感染症、新型インフルエンザ等感染症若しくは指定感染症（略）の患者（略）又は新感染症の所見がある者
二〜十三　略
十四　前各号に掲げる者を除くほか、法務大臣において日本国の利益又は公安を害する行為を行うおそれがあると認めるに足りる相当の理由がある者
２　略

外国人に対する入国拒否の大半は、実際には五条一項十四号を根拠に行われたとはいうものの、一項一号に該当する者（正確には、定義を同じくする者）については、タクシーが乗車（運送の引受けまたは継続）を拒否できる旨を定めた法令もある（旅客自動車運送事業運輸規則十三条五号を参照）。

しかし、このようなケースはあくまで例外であって、「感染症の発生及びまん延の防止並びに港及び飛行場における検疫に関すること」を厚生労働省の所掌事務として定めた同省の設置法四条一項十九号のように、意味を特定することなく、「感染症」という言葉を使用している法令も多い。

施設内において「感染症又は食中毒が発生し、又はまん延しないように」一定の措置を

講じるよう定めた特養の規定（「特別養護老人ホームの設備及び運営に関する基準」二十六条二項）などは、その典型といえよう。

①急性灰白髄炎、②結核、③ジフテリア、④ＳＡＲＳ、⑤ＭＥＲＳおよび⑥鳥インフルエンザ。感染症法六条三項にいう二類感染症とは、これら六種類の感染症を指す。従来は新型コロナウイルス感染症も、この二類に相当するものとして扱われてきた。

二類感染症であれば、感染症法二十六条による十九条の準用により、軽症患者でも入院させることが基本となる。政府は、こうした取扱いを見直そうとしているが、その狙いは入院患者を重症者を中心としたものに改め、医療資源の集中を図ることにある。

なお、一類や二類といった感染症の分類は感染力の強さの違いを表したものとはいえるが、このような感染症の分類と死亡者数との間に相関関係はない。

例えば、厚生労働省「人口動態統計」によると、令和元年（二〇一九年）における結核の死亡者数は二〇八八人と、五類のインフルエンザ（鳥インフルエンザおよび新型インフルエンザ等感染症を除く）の三五七一人や、感染性胃腸炎（ノロウイルス等によるもの、五類への分類は感染症法施行規則一条六号による）の二二一〇人を下回っている。そんな現状にも目を向ける必要があろう。

法令に残る伝染病

感染症法の施行に伴い、廃止された法律の一つに伝染病予防法がある（拙著『現場からみた労働法2――雇用社会の現状をどう読み解くか』（ジアース教育新社、令和二年）二二九頁を参照）。

「伝染病予防法は、強制的な予防措置が既に不要となっている感染症を法定伝染病として法律に位置づけている一方で、エボラ出血熱等の世界的に問題視されている危険な感染症が法の対象とされていないこと、感染症の予防措置に関し、感染症が発生した事後の対応に偏っていること、患者に対する行動制限に際し、人権尊重の観点からの体系的な手続保障規定が設けられていないこと等の点で、時代の要請にこたえることができないものとなって」いる。感染症法案が提出された第一四二回国会において、小泉純一郎厚生大臣（当時）は、伝染病予防法の問題点をこのように指摘した（法案成立は、第一四三回国会）。

伝染病予防法が明治三十年の制定当初、一条一項で法定伝染病としたのは、①コレラ、②赤痢、③腸チフス、④痘瘡、⑤発疹チフス、⑥猩紅熱、⑦ジフテリア、および⑧ペストの八種類。その後、❶パラチフス、❷流行性脳脊髄膜炎、および❸日本脳炎の三種類がこれに加わった（赤痢には疫痢を含む等の部分的な改正については省略。また、制定当初は、ペストを除き漢字表記であったこと等、表記法も実際の条文とは異なることに注意）。

強制的な予防措置が不要となった法定伝染病としては、痘瘡＝天然痘を挙げることができるが、感染症法六条二項から六項に列挙された一類から五類の感染症は、法定伝染病の範囲を大きく超えるものとなっている。
ただ、伝染病という言葉が感染症法の本則から消えたとはいっても、次のように定める明治三十三年に制定をみた鉄道営業法のように、伝染病という言葉が法令から一掃されたというわけではない（同じ年に制定された、伝染病患者鉄道乗車規程を併せ参照）。

第四条　伝染病患者ハ国土交通大臣ノ定ムル規程ニ依ルニ非サレハ乗車セシムルコトヲ得ス

② 附添人ナキ重病者ノ乗車ハ之ヲ拒絶スルコトヲ得

第四十一条　第四条ノ規定ニ違反シ伝染病患者ヲ乗車セシメタル者ハ百円以下ノ罰金又ハ科料ニ処ス伝染病患者其ノ病症ヲ隠蔽シテ乗車シタルトキ亦同シ

② 前項ノ場合ニ於テ途中下車セシメタルトキト雖既ニ支払ヒタル運賃ハ之ヲ還付セス

労働関係でいえば、船舶所有者は「伝染病にかかった船員」を作業に従事させてはならないとした法律（船員法八十一条三項一号）や、寄宿舎を設置する場合には、「伝染病患者を収容する建物及び病原体によって汚染のおそれ著しいものを取り扱う場所の附近」を避けなければならないとした省令（事業附属寄宿舎規程七条七号）もある。
いずれも、昭和二十二年に制定された古い法令ではあるが、現行法令であることに違いはない。このような法令の現状も、忘れてはなるまい。

（令和二年九月二十八日）

第五話　言葉を読み解く（２）

罰金にみる多額と寡額

反対の意味の漢字を組み合わせて、熟語をつくる。「多寡」も、そうした熟語の一つに数えられる。

「異同」のように、そのうちの一字が実質的には意味を持たない熟語（このような熟語を帯説という。「異同」の場合、「同」に意味はない。詳しくは、拙著『法人職員・公務員のための労働法72話』（ジアース教育新社、平成二十七年）三二九頁を参照）もあるとはいえ、「多寡」の場合、文字どおり多いことと寡ないことの組合せを意味する。

「港湾運送事業者は、特定の利用者に対し貨物の多寡その他の理由により不当な差別的取扱をしてはならない」。港湾運送事業法十五条がこのように規定していることからわかるように、「多寡」は法令用語でもある。

ただ、「多寡」の二文字を使用した法令は、実際には少数にとどまっており、むしろ判例にその例をみることのほうが多い。

例えば、**ハマキョウレックス事件＝平成三十年六月一日最高裁第二小法廷判決**において、裁判所が以下のように判示したのは、記憶に新しいところであろう。

「通勤手当は、通勤に要する交通費を補塡する趣旨で支給されるものであるところ、労働契約に期間の定めがあるか否かによって通勤に要する費用が異なるものではない。また、職務の内容及び配置の変更の範囲が異なることは、通勤に要する費用の多寡とは直接関連するものではない。加えて、通勤手当に差違を設けることが不合理であるとの評価を妨げるその他の事情もうかがわれない。

したがって、正社員と契約社員である被上告人との間で上記の通勤手当の金額が異なるという労働条件の相違は、不合理であると評価することができるものであるから、労働契約法二十条にいう不合理と認められるものに当たると解するのが相当である」。

「多額」と「寡額」。「多寡」の延長には、そんな法令用語もある。例えば、罰金等臨時措置法二条は、現在、次のように規定する。

第二条　刑法（略）、暴力行為等処罰に関する法律（略）及び経済関係罰則の整備に関する法律（略）の罪以外の罪（条例の罪を除く。）につき定めた罰金については、その多額が二万円に満たないときはこれを二万円とし、その寡額が一万円に満たないときはこれを一万円とする。（ただし書、略）

２・３　略

強制労働の禁止について定めた「第五条の規定に違反した者は、これを一年以上十年以下の懲役又は二十万円以上三百万円以下の罰金に処する」。このように定める労働基準法（労基法）百十七条の場合、「二十万円」が寡額となり、「三百万円」が多額となる。

かつては、労基法にも、罰金等臨時措置法による罰金額の読み替えが必要になる時代があった。昭和四十七年七月一日から六十一年三月三十一日までの、合計一三年九か月間がそれである。

罰金等臨時措置法は、昭和二十四年の施行当初、四条（現二条）一項本文で「その多額が二千円に満たないときはこれを二千円とし、その寡額が千円に満たないときはこれを千円とする」と定めていたが、昭和四十七年の法改正により、「二千円」が「八千円」に、「千円」が「四千円」に改められる。

しかるに、労基法は、昭和二十二年の施行以来、長らく百十七条に規定する罰金の寡額を「二千円」と定めていた。そこで、右にみた罰金等臨時措置法の改正により、その額を「四千円」と読み替えることが必要になった。

また、罰金の多額を「五千円」と規定する労基法百十九条や百二十条についても、これを「八千円」と読み替える必要が生じた。

筆者が一学生として「労働基準法」の授業を受講したのは、昭和四十七年の罰金等臨時措置法の改正直後であり、読み替えの一件も昨日のことのように覚えている。

その後、労基法百十七条に定める罰金額は「二千円以上三万円以下」が「五万円以上百万円以下」と、百十九条および百二十条では「五千円以下」が「十万円以下」と改められ、こうした読み替えも不要となる。

昭和六十年の勤労婦人福祉法の改正＝男女雇用機会均等法（雇用の分野における男女の均等な機会及び待遇の確保等女子労働者の福祉の増進に関する法律）の制定に伴い、労基法が改正され、これが施行されたとき（六十一年四月一日）のことであった。

さらに、罰金額等の引上げを目的とした平成三年の刑法改正（罰金等臨時措置法の規定内容も、これに併せて現行法のように改正。同年五月七日施行）を経て、平成五年には労基法の改正（翌六年四月一日施行）により、同法に定める罰金額が現行規定のように改められる（その結果、百十九条および百二十条に定める罰金の多額も「三十万円」となる）。

ただ、**第四話**でみた鉄道営業法四十一条一項のように、罰金等臨時措置法による読み替えをいまだに必要とする規定は相当数存在する。

労働関係法令でいえば、罰金の多額を「五千円」または「一万円」と定める家内労働法三十三条以下の規定や、これを「五千円」と定める「炭鉱災害による一酸化炭素中毒症に関する特別措置法」十六条一項が、その例として挙げられる（いずれも「二万円」と読み替えられる。このような状況は、四半世紀前からまったく変わっていない。拙稿「労働基準法制と規制のあり方」『ジュリスト』一〇六六号（平成七年五月）一七五頁以下、一七八頁の別表「規定内容からみた労働基準法制の相互比較」を参照）。
こうした罰金にまつわるトリビアルな話も知っておいて、損はあるまい。

時季と時期そして時機

労基法に定めるジキには、二通りのものがある。一方は、年次有給休暇の「時季」であり、例えば、同法三十九条五項は「使用者は、……有給休暇を労働者の請求する時季に与えなければならない。ただし、請求された時季に有給休暇を与えることが事業の正常な運営を妨げる場合においては、他の時季にこれを与えることができる」と規定する。いわゆる時季指定権および時季変更権の「時季」がそれである（なお、「時季」は、六項以下の規定でも使用されている）。

他方、労基法八十九条二号および三号の二は、「賃金の締切り及び支払の時期」や「退職手当の支払の時期」に関する事項を就業規則の必要記載事項として規定する。

労基法は、第二次大戦後の占領期に制定をみた法律であり、当時は日本語の官報とともに、英文官報（Official Gazette, English Edition）が発行されていた。これによると、時季には「season」、時期には「date」という訳語が充てられている。

このように、「時季」本来の意味はシーズンつまり季節にある。しかし、『時季』とは、季節をも含めた時期を意味」し、「具体的に始期と終期を特定した休暇の時季指定については」、これによって「年次有給休暇が成立し、当該労働日における就労義務が消滅する」との効果が発生する（使用者が適法に時季変更権を行使した場合にのみ、その効果の発生が妨げられる）という理解（白石営林署事件＝昭和四十八年三月二日最高裁第二小法廷判決）は、もはや判例上確立した観がある。

それゆえ、「時季」本来の意味に即した解釈など考えるだけでも無駄なようにみえるが、不可能と決まったわけではない。チャレンジしてみる価値は十分にあろう（こうした解釈を試みたものとして、拙稿「年次有給休暇の時季」『ジュリスト』八四二号（昭和六十年八月）一四五頁以下を参照）。

なお、法令用語としてのジキには、「時季」や「時期」以外にも「時機」がある。具体例としては、「時機に後れた攻撃防御方法の却下等」について定めた民事訴訟法百五十七条が最も有名であるが、「時機に後れた」を「時期に遅れた」と誤記した下級審の判例は、労働事件だけでも十指に余る。

判例にはしっかりと目を通すが、法令は熱心に読まない。そんな弁護士や裁判官の習性に問題があるといえば、言い過ぎであろうか。

（令和二年十月十二日）

第六話　言葉を読み解く（３）

仕事とはつかえること

同じ訓読みの漢字を並べて、熟語をつくる。二字熟語には、そうした同訓字熟語が数多く存在する。

安易、依拠、延伸、応答、会合、解説、開拓、河川、価値、関係、慣習、基本、究極、起立、均等、計量、建立という具合に、ア行とカ行だけでも、その数はおそらく一〇〇を超える。

瑕疵《かし》（きず）や欠缺《けんけつ》（かける）等、法学部の学生は、わざと難しい漢字を使いたがる。筆者もその一人にほかならなかった。

民法の現代語化を目的とした平成十六年の法改正（平成十七年四月一日施行）により、「意思ノ欠缺」は「意思の不存在」と言い換えられることになり、欠缺は民法から姿を消したとはいうものの、瑕疵は債権法の改正を主眼とした平成二十九年の法改正（令和二年四月一日施行）を経た今も、まだ法令用語として使用されている。

例えば、この間の経緯を民法百一条一項についてみると、次のようになる（前者は平成十六年改正前の規定。後者は現行規定。ルビも条文の一部）。

第百一条　意思表示ノ効力カ意思ノ欠缺、詐欺、強迫又ハ或事情ヲ知リタルコト若クハ之ヲ知ラサル過失アリタルコトニ因リテ影響ヲ受クヘキ場合ニ於テ其事実ノ有無ハ代理人ニ付キ之ヲ定ム

②　略

（代理行為の瑕疵《かし》）

第百一条　代理人が相手方に対してした意思表示の効力が意思の不存在、錯誤、詐欺、強迫又はある事情を知っていたこと若しくは知らなかったことにつき過失があったことによって影響を受けるべき場合には、その事実の有無は、代理人について決するものとする。

2・3　略

労働法の世界に目を転じると、勤務も雇傭も仕事も、すべてこの同訓字熟語に当たる。同じ「つとめる」でも、「勤める」や「務める」と「努める」（「勉める」とも書き、勤勉という熟語もある）との違いは何となく理解できるものの、「勤める」と「務める」との間には微妙な差異しかない。

もともとは「やとう」の合わせ字であった雇傭も、「用」は「使用」の「用」といえなく

もないが、現代語化により、雇用という意味不明の熟語になった。

　そして、仕事にいたっては、それが「つかえる」と読む漢字の組合せであることを意識する者はもはやいない。

　明治二十二年に出版された大槻文彦著『言海』によれば、仕事は「（一）為《す》ル事。為《な》スベキ業《わざ》。事業‖（二）はりしごとノ略」とある（引用は、ちくま学芸文庫版（平成十六年刊）による。旧漢字は新漢字に改めている）。

　わかりやすい解説で知られた『新明解国語辞典　第八版』（三省堂、令和二年）にも仕事は「為事シゴトの意」とあり、「からだや頭を使って、働く（しなければならない事をする）こと。［狭義では、その人の職業を指す］『――に携わる／てきぱき――を片付ける』といった説明がなされている。

　なすべきこと、しなければならないことを仕事という。そんなニュアンスがそこからは伝わってくる。

　「仕える」といえば、仕官や出仕、宮仕え。「事える」といえば、大に事える事大主義。そうした言葉も頭に浮かぶ。

　さらにいえば、「つかえる」という言葉そのものが、労働法の世界でいう「従属労働」や「使用従属関係」といった言葉を連想させる。こういっても間違いではない。

　確かに、現行民法は、雇用ではなく、請負に関連した規定においてのみ「仕事」という法令用語を用いている。以下のように定める六百三十二条は、その典型である。

（請負）

第六百三十二条　請負は、当事者の一方がある仕事を完成することを約し、相手方がその仕事の結果に対してその報酬を支払うことを約することによって、その効力を生ずる。

また、労働法の領域においても、労働契約法三条三項が「労働契約は、労働者及び使用者が仕事と生活の調和にも配慮しつつ締結し、又は変更すべきものとする」と定めるほか、法令の多くは、仕事と生活の調和（過労死等防止対策推進法一条ほか）や仕事と子育ての両立（子ども・子育て支援法五十九条の二ほか）、治療と仕事の両立［支援室］（厚生労働省組織規則三十八条）に言及するものにとどまっており、そこにいう「仕事」から「使用従属関係」をイメージすることは難しい。

しかし、仕事が義務であればこそ、生活や子育て、治療との調和・両立が課題となるともいえる（dutyには職務という意味もある。勤務時間内は**on duty**、時間外は**off duty**と表現する）。

「仕える」も「事える」も、英語では**serve**と訳すが、その意味は、現代語化前の民法六百二十三条＝雇傭の定義規定にいう「労務ニ服スル」に近い。

他方、労働も仕事も、これを英訳すると**work**になる（公定訳ではないものの、法務省「日本法令外国語訳データベースシステム」によれば、「労働に従事する」は**engage in** work と、「仕事を完成する」は complete work と英訳されている）。*Duty to wok is duty to serve.* されど、少なくとも仕事をする以上、このことを今一度心に刻む必要があるのではなかろうか。

労務者という法令用語

ドイツ語のアルバイター（Arbeiter）は、ブルーカラーを意味し、ホワイトカラーを指すアンゲシュテルテ（Angestellte）と区別するため、労務者と訳す。半世紀近く前の話ではあるが、学生時代にこう教わった。

当時（正確には、前述した現代語化まで）は、民法も労務者という言葉を使っていた。「労務者ハ其約シタル労務ヲ終ハリタル後ニ非サレハ報酬ヲ請求スルコトヲ得ス」。例えば、民法六百二十四条一項はこのように規定していた。ただ、そこでいう労務者にブルーカラーとホワイトカラーの区別はなかった。ドイツ語でいうと、被用者と訳されることも多いアルバイトネーマー（Arbeitnehmer）がこれに当たる。

その後、現代語化により労務者は労働者と言い換えられ、民法から労務者という言葉は消えたものの、法令用語として労務者を使用する法令は現在も残っている。

「技術者、職人、労務者その他の主として自己の知的又は肉体的な労働により職業又は営業に従事する者（略）のその業務に欠くことができない器具その他の物（略）」を差押えが禁止される動産（財産）の一つとして規定した、民事執行法百三十一条六号や国税徴収法七十五条一項五号は、その例である。

また、公職選挙法（公選法）が、選挙運動に従事する者や「選挙運動のために使用する労務者」に対し、政令の定める範囲内で実費弁償や報酬の支給を認めていること（百九十七条の二、逆にいうと、その範囲を超えると公選法違反となる）は有名な話であるが、「選挙運動のために使用する労務者」の場合、「労務者一人に対し支給することができる報酬の額」は、基本日額が「一万円以内」、超過勤務手当が「一日につき基本日額の五割以内」とされ、実費弁償については鉄道賃等のほか、「宿泊料（食事料を除く。）」として「一夜につき一万円」の支給が可能とされる（公選法施行令百二十九条）。

とはいえ、いずれの場合も、労務者という言葉に特段の意味はない。公選法の該当条文は昭和二十七年の法改正、国税徴収法および民事執行法の該当条文はそれぞれ昭和三十四年および昭和五十四年の制定時から存在した規定であり、当時は労務者という言葉がごく普通に用いられていた。

労務者については、これを laborer と英訳することが慣行として定着しているが、このような直訳はかえって誤解を招く。そうした可能性にも留意すべきであろう。


（令和二年十月二十六日）

第七話　言葉を読み解く（４）

得るは「うる」と読む

法律の規定内容に変更があったことをそれとなく伝える。**第六話**で平成十六年改正（翌十七年四月一日施行）前の民法百一条と現行規定を並べて引用した際には、民法から欠缺という文字が消え、瑕疵という文字が残ったことを示す以外に、錯誤の位置づけが変わったことを示すという、もう一つの目的があった。

民法九十五条は、現在、次のように定めている。

（錯誤）
第九十五条　意思表示は、次に掲げる錯誤に基づくものであって、その錯誤が法律行為の目的及び取引上の社会通念に照らして重要なものであるときは、取り消すことができる。
一　意思表示に対応する意思を欠く錯誤
二　表意者が法律行為の基礎とした事情についてのその認識が真実に反する錯誤
２　前項第二号の規定による意思表示の取消しは、その事情が法律行為の基礎とされていることが表示されていたときに限り、することができる。

３　錯誤が表意者の重大な過失によるものであった場合には、次に掲げる場合を除き、第一項の規定による意思表示の取消しをすることができない。

一　相手方が表意者に錯誤があることを知り、又は重大な過失によって知らなかったとき。

二　相手方が表意者と同一の錯誤に陥っていたとき。

４　第一項の規定による意思表示の取消しは、善意でかつ過失がない第三者に対抗することができない。

だが、平成二十九年の改正（令和二年四月一日施行）前の民法九十五条は、以下のように規定していた。

（錯誤）

第九十五条　意思表示は、法律行為の要素に錯誤があったときは、無効とする。ただし、表意者に重大な過失があったときは、表意者は、自らその無効を主張することができない。

「意思表示ハ法律行為ノ要素ニ錯誤アリタルトキハ無効トス但表意者ニ重大ナル過失アリタルトキハ表意者自ラ其無効ヲ主張スルコトヲ得ス」

現代語化のはるか以前、昭和四十年代後半に民法総則の授業を受けた筆者にとっては、このように文語体で規定された民法九十五条のほうが、よほどしっくりくる。

無効原因が取消事由に変わる。要素の錯誤を含め、現行規定は従来の学説や判例を条文化したにすぎないとはいえ、錯誤無効という言葉に慣れ親しんだ者にとって、短時間に頭を切り替えることは簡単ではなかった。

「詐欺又ハ強迫ニ因ル意思表示ハ之ヲ取消スコトヲ得」

民法九十五条に続く九十六条は、かつて一項でこのように規定していたが、九十五条にいう「コトヲ得ス」は「ことをえず」と読み、九十六条一項にいう「コトヲ得」は「ことをう」と読む。そうした条文の読み方も、学生時代に学んだ（ちなみに、現代語化前の民法では、「コトヲ得」というフレーズがすこぶる頻繁に用いられていた）。

確かに、遺言を「いごん」と読み、競売を「けいばい」と読むように、法律の世界にはその世界に独特の言い回しがある。しかし、「あり得る」を「ありえる」と読まず、「ありうる」と読むのは、そのような法律の世界でしか通用しないルールではない。

なるほど、得るを「える」と読んで、違和感のない場合もある。**第六話**で引用した『新明解国語辞典　第八版』もその例に挙げる「成案を――」、「病を――」、「志を――」については、そんな感じもしないではない。

他方、同辞典は「動詞連用形＋――」の形で「連体形・終止形は『うる』になることが多い」とも述べる。「――所が大きい」、「知り――限り」、「考え――」はその好例であり、

「有り――」もこれに含まれる。

コマーシャルを通じて、アリエールと名前の付いた商品が浸透したせいか、ドラマなどでは「あり得る」を「ありえる」と読むことも、ごく普通に行われるようになった。

このことをもって日本語が乱れたとまではいわないものの、文語体の条文で育ち、得は「う」と読むと教わった人間にとって「ありえる」にはやはり抵抗がある。

労働基準法二十条一項や二十六条にいう「責に帰す」の責は「せめ」と読む（最近は同法十二条三項三号や六十四条のように「責め」と表記）のであって、「せき」とは絶対に読まない。「あり得る」を「ありえる」と読まないのは、それと同じだといえば、言い過ぎであろうか。

漢字表記のオプション

ベストセラー作家、東野圭吾氏の著作で、今年に入って文庫本（集英社文庫）として刊行された作品に『マスカレード・ナイト』がある。読みにくい漢字にはルビが振られており、その一つに他人事があった。

ひとごとを人事と書くと、人事（じんじ）と区別がつかなくなる。人事労務担当者にとって、人事が他人事（ひとごと）になるようでは、およそ話にならない。

テレビなどでは、他人事を「たにんごと」と読む俳優も結構みかけるが、これではあまりにもストレートにすぎる。日本語としての奥床しさのかけらもない、というのが正直な感想である。

限られたオプションのなかから、どの漢字を充てるのか。選択に迷う場合も、実際には少なくない。

病気が「うつる」は、その典型といえる。一般には「移る」と書くが、これでは伝染のニュアンスが十分に伝わらない。

懲戒処分を「かす」も同様であり、「科す」では刑罰（科刑）になり、「課す」だと宿題や税金（課税）の類になってしまう。

第六話で取り上げた同訓字熟語の場合も、それぞれの漢字の意味は微妙に異なる。例えば、生活。「生かす」と「活かす」では、その意味に違いがある。

法令の世界では、下記の教育基本法の例にみるように、「生かす」という漢字表記のみが用いられている（その例は、職業能力開発促進法三条の二第三項を含め、かなり多い）ものの、活用するとの意味であれば、「活かす」と書くのが本来の用法であろう。

（生涯学習の理念）

第三条　国民一人一人が、自己の人格を磨き、豊かな人生を送ることができるよう、その生涯にわたって、あらゆる機会に、あらゆる場所において学習することができ、その成果を適切に生かすことのできる社会の実現が図られなければならない。

「もつ」と読む二つの漢字を合成した保持についても、同じことがいえる。とりわけ、これでは「もたない」、「もつはずがない」を「持たない」、「持つはずがない」と表現することには、そのような用法が一般化していることは知りつつも、いまだに納得のいかないものがある。

「身近な例を挙げれば、本務校のある教員を非常勤講師として雇うと、本務校のない教員の場合に比べ、手当の額が割増賃金の分高くなる。そのようなことになれば、いわゆる専業的非常勤講師は黙っていまい。同一労働同一賃金以前の問題として、そんな制度が保つわけがない」。

筆者は、最近も、**本書第二部第一章**に収録した拙稿『労働時間の通算』に異議あり――改定された副業・兼業ガイドライン」（引用部分は当初、令和二年九月十六日にアドバンスニュースに掲載）のなかで、このように述べた。制度を維持する（maintain）というイメージは「保つ」にしかない。そう考えたからである。

法令用語のなかには、「おそれ」のように、もはや漢字を使用しなくなったものさえある（「虞」と記した法令は、憲法八十二条二項をはじめ、一部の古い法令にとどまっている）。こうした事実も知る必要があろう。

（令和二年十一月九日）

第八話　判例を読み解く（1）

最高裁判決と事件名

なぜそうなるのか。以前から疑問に思っていたことがある。最高裁判決にみる事件名の表示方法がそれである。

例えば、裁判所のＨＰによる（以下同じ）と、令和二年十月十三日および同月十五日に言渡しのあった判決の事件番号および事件名は、次のようになる。

⑴　令和元年（受）第一〇五五号、地位確認等請求事件
⑵　令和元年（受）第一一九〇号、損害賠償等請求事件
⑶　平成三十年（受）第一五一九号、未払時間外手当金等請求控訴、同附帯控訴事件
⑷　令和元年（受）第七七七号、地位確認等請求事件
⑸　令和元年（受）第七九四号、地位確認等請求事件

このうち、⑴と⑵が裁判長を異にする（⑴が宮崎裕子裁判官、⑵が林景一裁判官）**第三小法廷判決（十月十三日判決）**、⑶〜⑸が同じ裁判官（山口厚裁判官）が裁判長を務める**第**

一小法廷判決（十月十五日判決）という違いはあったが、HPへのアップも容量オーバーのせいか多少のトラブルはみられたものの、それぞれ事件番号の順で行われている。㈢が「上告受理申立て」事件を意味することはいうまでもない。

「事件名」は法令用語とはいえ、民事訴訟法や民事訴訟規則（ちなみに、後者は最高裁の定める規則であるため、e-Gov所収の法令には含まれていない）には登場しない。「事件名」に該当するものとしては、民事訴訟規則が二条一項二号で訴状等に記載すべき事項の一つとして掲げる「事件の表示」がある。しかし、その上位規範に当たる民事訴訟法百三十三条二項は、「事件の表示」を訴状に記載しなければならない事項として定めるものとはなっていない。

訴状の雛形をみると、「〇〇〇〇請求事件」とあり、事件名を記載するものと注記されている。そして、最高裁判決においても、この訴状に記された事件名がそのまま使用されるのが通例となっている。

ただ、訴状に請求の趣旨とは異なる事件名が誤って記載されることもある。上記の事件では、⑴事件がその例にほかならなかった。

一　被告は、原告に対し、一〇三八万一六六〇円及びこれに対する平成二十八年四月二十九日から支払済みまで、年五分の割合による金員を支払え。

二　被告は、原告に対し、一三六万五三四七円及びこれに対する平成二十八年四月二十九日から支払済みまで、年五分の金員を支払え。

⑴事件の場合、以上が請求の趣旨であり、地位確認等を求めた事件ではなかった。にもかかわらず、控訴審の事件名は「地位確認等請求控訴事件」となり、最高裁判決でも同じ過ちが繰り返される。

確かに、民事訴訟法百三十七条一項前段は「訴状が第百三十三条第二項の規定に違反する場合には、裁判長は、相当の期間を定め、その期間内に不備を補正すべきことを命じなければならない」と規定する。

とはいえ、同法百三十三条二項が訴状に記載しなければならない事項として定めるものは「当事者及び法定代理人」（一号）のほか、「請求の趣旨及び原因」（二号）にとどまっており、前述したように「事件の表示」を含むものとはなっていない。

⑴事件のように、誤記が補正されないまま推移した理由は、こうした法律の規定内容にあったとも考えられる。

また、⑶事件の事件名にも違和感はある。なるほど、附帯控訴のあった事件の場合、最高裁判決の事件名がこのように高裁判決と見紛うものになることは、これまでにもしばしばあった。

一例を挙げれば、民集（最高裁判所民事判例集）に掲載された著名な労働事件としては、**都南自動車教習所事件＝平成十三年三月十三日第三小法廷判決**がある。

民集五五巻二号三九五頁に記された同事件の事件名は「賃金請求控訴、同附帯控訴事件」。とはいうものの、附帯控訴事件でありながら、民集四三巻一二号一八九五頁記載の事件名が「賃金請求事件」となった、**日本シェーリング事件＝平成元年十二月十四日第一小法廷判決**のようなケースもある。

事件名の表示方法がなぜ双方の間で違ったのかは、部外者にはわからない。

さらに、⑷・⑸事件についても「地位確認等請求事件」という事件名は、争点となった事案の内容を的確に表しているとはお世辞にもいえない。

⑷事件を例にとると、ＨＰを通して事前に配布された「開廷期日情報」は、傍聴人のために最高裁の広報課が作成した「地位確認等請求事件について」と題する文書のなかで、「事案の概要」を次のように要約する。

「本件は、第一審被告と期間の定めのある労働契約（有期労働契約）を締結して勤務している第一審原告らが、期間の定めのない労働契約（無期労働契約）を締結している労働者（正社員）と第一審原告らとの間で、年末年始勤務手当、病気休暇、夏期休暇及び冬期休暇等に相違があったことは労働契約法二十条（平成三十年法律第七十一号による改正前のもの）に違反するものであったと主張して、第一審被告に対し、不法行為に基づき、損害賠償を求めるなどの請求をする事案である」。

タイトルと中身があまりにも違っている。これでは、傍聴人も面食らったに相違ない。

「損害賠償等請求事件」。事件名も、単純率直にこうすれば良かったのではないか。

なお、民事事件の場合、判決の「事件名」は通常、被告名で表す。上記五事件についていえば、⑴**大阪医科薬科大学事件**、⑵**メトロコマース事件**、⑶**日本郵便（佐賀）事件**、⑷**日本郵便（東京）事件**、⑸**日本郵便（大阪）事件**がそれであった（⑶〜⑸の括弧内の表記は、相互の区別を可能にするためのもの）。

このなかで、判決に付された事件名が文字どおり正確に事案の内容を表していたのは、⑵の**メトロコマース事件**のみ。こうした状況は、是非とも改める必要があろう。

上告受理決定と判決

憲法違反でもなければ、上告は原則として認められない。それが民事訴訟法三百十二条に定めるルールであるが、同法は一方で次のように規定している。

（上告受理の申立て）

第三百十八条　上告をすべき裁判所が最高裁判所である場合には、最高裁判所は、原判決に最高裁判所の判例（略）と相反する判断がある事件その他の法令の解釈に関する重要な事項を含むものと認められる事件について、申立てにより、決定で、上告審として事件を受理することができる。

２　略

３　第一項の場合において、最高裁判所は、上告受理の申立ての理由中に重要でないと認めるものがあるときは、これを排除することができる。

４　第一項の決定があった場合には、上告があったものとみなす。この場合においては、第三百二十条の規定（注：調査の範囲に関する規定）の適用については、上告受理の申立ての理由中前項の規定により排除されたもの以外のものを上告の理由とみなす。

５　略

また、これを受け、民事訴訟規則は以下の定めを置いている。

（上告受理の決定・法第三百十八条）

第二百条　最高裁判所は、上告審として事件を受理する決定をするときは、当該決定において、上告受理の申立ての理由中法第三百十八条（上告受理の申立て）第三項の規定により排除するものを明らかにしなければならない。

「○○の上告受理申立て理由（ただし、排除されたものを除く。）について」。今回の判決⑶を除く）でも、このようなフレーズが目を引いた。判決を読む場合には、こうした点にも留意する必要があるのである。

（令和二年十一月二十三日）

第九話　判例を読み解く（２）

最高裁判決の判断枠組み

令和二年十月十三日および十五日に言渡しのあった五件の最高裁判決においては、有期労働契約を締結した労働者と無期労働契約を締結した労働者との間における労働条件の相違が労働契約法（平成三十年法律第七十一号による改正前のもの。以下同じ）二十条にいう不合理と認められるものに当たるか否かが、共通した争点となった。

その労働契約法二十条は、次のように規定する（〇付数字は筆者による）。

（期間の定めがあることによる不合理な労働条件の禁止）

第二十条　有期労働契約を締結している労働者の労働契約の内容である労働条件が、期間の定めがあることにより同一の使用者と期間の定めのない労働契約を締結している労働者の労働契約の内容である労働条件と相違する場合においては、当該労働条件の相違は、①労働者の業務の内容及び当該業務に伴う責任の程度（以下この条において「職務の内容」という。）、②当該職務の内容及び配置の変更の範囲③その他の事情を考慮して、不合理と認められるものであってはならない。

これを受け、令和二年十月十三日に判決が言い渡された**大阪医科薬科大学事件**では、第三小法廷が下記のように判示するものとなる（なお、判決文を読みやすくするため、以下では原文にはない改行を行っている）。

「労働契約法二十条は、有期労働契約を締結した労働者と無期労働契約を締結した労働者の労働条件の格差が問題となっていたこと等を踏まえ、有期労働契約を締結した労働者の公正な処遇を図るため、その労働条件につき、期間の定めがあることにより不合理なものとすることを禁止したものであり、両者の間の労働条件の相違が賞与の支給に係るものであったとしても、それが同条にいう不合理と認められるものに当たる場合はあり得るものと考えられる。

もっとも、その判断に当たっては、他の労働条件の相違と同様に、当該使用者における賞与の性質やこれを支給することとされた目的を踏まえて同条所定の諸事情を考慮することにより、当該労働条件の相違が不合理と評価することができるものであるか否かを検討すべきものである」。

また、同日、同じ第三小法廷によって判決の言渡しのあった、退職金の支給に係る労働条件の相違とかかわる**メトロコマース事件**においても、同様の説示がみられた。

他方、二日後の十月十五日に判決が言い渡された、夏期冬期休暇の付与に係る労働条件の相違が問題となった**日本郵便（佐賀）事件**では、これとは異なる次のような一般的説示を第一小法廷は行うことになる。

「有期労働契約を締結している労働者と無期労働契約を締結している労働者との個々の賃金項目に係る労働条件の相違が労働契約法二十条にいう不合理と認められるものであるか否かを判断するに当たっては、両者の賃金の総額を比較することのみによるのではなく、当該賃金項目の趣旨を個別に考慮すべきものと解するのが相当である（最高裁平成二十九年（受）第四四二号同三十年六月一日第二小法廷判決・民集七二巻二号二〇二頁）ところ、賃金以外の労働条件の相違についても、同様に、個々の労働条件の趣旨を個別に考慮すべきものと解するのが相当である」。

さらに、病気休暇の付与に係る労働条件の相違（有給か無給か）が問題とされた**日本郵便（東京）事件**でも、これに先行して言渡しのあった**日本郵便（佐賀）事件**の判決を援用する形で、同様の説示が行われた（なお、同日、最後に判決が言い渡された、扶養手当等の支給に係る労働条件の相違とかかわる**日本郵便（大阪）事件**では、もはや同様の説示が繰り返されることはなかった）。

労働契約法二十条「所定の諸事情を考慮」することに重きを置くのか、それとも「個々の労働条件の趣旨を個別に考慮」することを重視するのか。

以上を要するに、十月十三日の第三小法廷判決と十五日の第一小法廷判決との間には、このような基本的スタンスの違いがあったといって差し支えはない。

前者が労働契約法二十条の法文により忠実な解釈であることはいうまでもない。だが、後者もまた既に最高裁が採用していた考え方ではあった（なお、先に引用した**日本郵便（佐賀）事件**においては、**長澤運輸事件**の最高裁判決が援用されているが、同日の無事故手当等に関する**ハマキョウレックス事件判決**の延長にあるといったほうがわかりやすい）。

では、最高裁はこうした判断枠組みのもとで、具体的にどのような判断を行ったのか。以下、それぞれの事件ごとに判断内容をみていくことにしよう。

大阪医科薬科大学事件⑴

「無期契約労働者に対して賞与を支給する一方で有期契約労働者に対してこれを支給しないという労働条件の相違が労働契約法（略）二十条にいう不合理と認められるものに当たらないとされた事例」（判示事項）。

本件はこのような事件であったが、①職務の内容と、②配置の変更の範囲の双方において、「第一審原告により比較の対象とされた教室事務員である正職員とアルバイト職員である第一審原告」との間で一定の相違があったとされたことが、判決の結論を大きく左右するものとなった。

例えば、判決は、①職務の内容や、②配置の変更の範囲について次のように述べる。

一審原告の業務は「定型的で簡便な作業が中心」であったのに対して、正職員の業務は「定型的で簡便な作業等ではない業務が大半を占め、中には法人全体に影響を及ぼすような重要な施策も含まれ、業務に伴う責任は大きいものであった」。

確かに、教室事務員である正職員の場合、業務内容がアルバイト職員と共通する部分はあったものの、「学内の英文学術誌の編集事務等、病理解剖に関する遺族等への対応や部門間の連携を要する業務又は毒劇物等の試薬の管理業務等にも従事する必要」があり、「両者の職務の内容に一定の相違があった」。

「また、教室事務員である正職員については、正職員就業規則上人事異動を命ぜられる可能性があったのに対し、アルバイト職員については、原則として業務命令によって配置転換されることはなく、人事異動は例外的かつ個別的な事情により行われていた」のであり、職務の内容に加え、配置の変更の範囲にも一定の相違があった。

さらに、判決は、③その他の事情として、「教室事務員の業務の内容の過半が定型的で簡便な作業等であったため、平成十三年頃から、一定の業務等が存在する教室を除いてアルバイト職員に置き換えてきた」結果、教室事務員である正職員が「僅か四名にまで減少していたという「人員配置の見直し等に起因する事情」のほか、「アルバイト職員については、契約職員及び正職員へ段階的に職種を変更するための試験による登用制度が設けられていた」という事実にも言及する。

そうすると、「正職員に対する賞与の支給額がおおむね通年で基本給の四・六か月分であり、そこに労務の対価の後払いや一律の功労報償の趣旨が含まれることや、正職員に準ずるものとされる契約職員に対して正職員の約八〇％に相当する賞与が支給されていたこと、アルバイト職員である第一審原告に対する年間の支給額が平成二十五年四月に新規採用された正職員の基本給及び賞与の合計額と比較して五五％程度の水準にとどまることをしんしゃくしても、教室事務員である正職員と第一審原告との間に賞与に係る労働条件の相違があることは、不合理であるとまで評価することができるものとはいえない」。このように、判決は結論したのである。

しかし、賞与の支給に係る労働条件の相違が労働契約法二十条にいう「不合理と認められるものに当たる場合」のあることは、判決も認めている。そうした可能性のあることには、十分に留意する必要があろう。

（令和二年十二月十四日）

第一〇話　判例を読み解く（３）

大阪医科薬科大学事件⑵

私傷病による欠勤中の賃金について、どう考えるか。第九話で論じた賞与以外に、本件にはこのようなもう一つの争点があった。判決（**令和二年十月十三日最高裁第三小法廷判決**）は、この点につき、以下のように判示する。

「第一審被告が、正職員休職規程において、私傷病により労務を提供することができない状態にある正職員に対し給料（六か月間）及び休職給（休職期間中において標準給与の二割［注：私学共済の加入資格を維持するためのもの］）を支給することとしたのは、正職員が長期にわたり継続して就労し、又は将来にわたって継続して就労することが期待されることに照らし、正職員の生活保障を図るとともに、その雇用を維持し確保するという目的によるものと解される。このような第一審被告における私傷病による欠勤中の賃金の性質及びこれを支給する目的に照らすと、同賃金は、このような職員の雇用を維持し確保することを前提とした制度であるといえる。

そして、第一審原告により比較の対象とされた教室事務員である正職員とアルバイト職員である第一審原告の職務の内容等をみると、……正職員が配置されていた教室では病理解剖に関する遺族等への対応や部門間の連携を要する業務等が存在し、正職員は正職員就業規則上人事異動を命ぜられる可能性があるなど、教室事務員である正職員とアルバイト職員との間には職務の内容及び変更の範囲に一定の相違があったことは否定できない。さらに、教室事務員である正職員が、極めて少数にとどまり、他の大多数の正職員と職務の内容及び変更の範囲を異にするに至っていたことについては、教室事務員の業務の内容や人員配置の見直し等に起因する事情が存在したほか、職種を変更するための試験による登用制度が設けられていたという事情が存在するものである。

そうすると、このような職務の内容等に係る事情に加えて、アルバイト職員は、契約期間を一年以内とし、更新される場合はあるものの、長期雇用を前提とした勤務を予定しているものとはいい難いことにも照らせば、教室事務員であるアルバイト職員は、上記のように雇用を維持し確保することを前提とする制度の趣旨が直ちに妥当するものとはいえない。また、第一審原告は、勤務開始後二年余りで欠勤扱いとなり、欠勤期間を含む在籍期間も三年余りにとどまり、その勤続期間が相当の長期間に及んでいたとはいい難く、第一審原告の有期労働契約が当然に更新され契約期間が継続する状況にあったことをうかがわせる事情も見当たらない。したがって、教室事務員である正職員と第一審原告との間に私傷病による欠勤中の賃金に係る労働条件の相違があることは、不合理であると評価することができるものとはいえない。

以上によれば、本件大学の教室事務員である正職員に対して私傷病による欠勤中の賃金を支給する一方で、アルバイト職員である第一審原告に対してこれを支給しないという労働条件の相違は、労働契約法二十条にいう不合理と認められるものに当たらないと解するのが相当である」。

これに対して、最高裁が「是認することができない」とした原審の判断（**平成三十一年二月十五日大阪高裁判決**）は、次のように述べるものであった（引用は、最高裁の要約したものによる）。

「第一審被告における私傷病による欠勤中の賃金は、正職員として長期にわたり継続して就労したことに対する評価又は将来にわたり継続して就労することに対する期待から、その生活保障を図る趣旨であると解される。そうすると、フルタイムで勤務し契約を更新したアルバイト職員については、職務に対する貢献の度合いも相応に存し、生活保障の必要があることも否定し難いから、欠勤中の賃金を一切支給しないことは不合理である。そして、アルバイト職員の契約期間は原則一年であり、当然に長期雇用が前提とされているものではないことに照らすと、第一審原告につき、欠勤中の賃金のうち給料一か月分及び休職給二か月分を下回る部分の相違は不合理と認められるものに当たる」。

私傷病による欠勤中の賃金について、生活保障という側面を重視するのか、それとも、それが正「職員の雇用を維持し確保することを前提とした制度である」ことを重視するのか。確かに、理屈の上では、こうした重点の置き方の違いによって、高裁と最高裁で判断が分かれたかにみえる。

しかし、本件の場合、そもそもアルバイト職員については、「雇用期間を一年以内とし、更新する場合はあるものの、その上限は五年と定められて」おり、なかでも第一審原告については、先にみたように「勤務開始後二年余りで欠勤扱いとなり、欠勤期間を含む在籍期間も三年余りにとど」まっていた、という付加的な事情もあった。

このような本件固有の事情が、最高裁判決の結論を事実上決定した。こうもいうことができよう。

メトロコマース事件

「無期契約労働者に対して退職金を支給する一方で有期契約労働者に対してこれを支給しないという労働条件の相違が労働契約法（平成三十年法律第七十一号による改正前のもの）二十条にいう不合理と認められるものに当たらないとされた事例」。

裁判所のＨＰによると、本件判決（**令和二年十月十三日最高裁第三小法廷判決**）の判示事項は、このようになる。

最高裁の判断枠組みは、**第九話**で指摘したように、**大阪医科薬科大学事件**とほぼ共通しており、有期契約労働者と無期契約労働者との間の「労働条件の相違が退職金の支給に係るものであったとしても、それが[労働契約法二十条]にいう不合理と認められるものに当たる場合」があり得ることは、本判決においても否定されていない。

そして、本判決の場合、実際にも、第一審原告らがこれに該当する契約社員Bと正社員との間に「退職金の支給の有無に係る労働条件の相違があることは、不合理であると評価することができる」(ただし、「正社員と同一の基準に基づいて算定した額の四分の一に相当する額を超えて退職金を支給しなくとも、不合理であるとまで評価することができるものとはいえないとした原審の判断をあえて破棄するには及ばない」)とした、一名の裁判官による反対意見があった。

「第一審原告らにより比較の対象とされた売店業務に従事する正社員と契約社員Bである第一審原告ら」との間で、職務の内容や、職務の内容および配置の変更の範囲に「一定の相違があった」。このように多数意見が判断したのに対して、反対意見は「大きな相違はない」とした。そうした事実に対する評価の違いが、結論の違いをもたらしたことはいうまでもない。

ただ、退職金が「長年の勤務に対する功労報償の性格を有する」とすれば、定年(契約更新の上限年齢)が六五歳と定められ、「正社員と同様、特段の事情がない限り六五歳までの勤務が保障されていた」契約社員Bについても、こうした退職金の性質は当てはまる。このような裁判官の判断があってこその反対意見であったともいえる。

なお、本判決の場合、二名の裁判官による補足意見も「有期契約労働者に対し在職期間に応じて一定額の退職慰労金を支給すること」等の取組みを、労働契約法二十条や「これを引き継いだ短時間労働者及び有期雇用労働者の雇用管理の改善等に関する法律八条の理念に沿うもの」として例示していたことは注目に値する。

一年（実際には半年）間在職していれば、退職手当を支給する。国立大学法人を含め、そんな公務員型の退職手当制度を現在も採用しているところでは、勤続年数の長短にかかわらず、退職手当支給の有無に係る労働条件の相違が問題となる。そうしたリスクの存在にも注意する必要があろう。

（令和二年十二月二十八日）

第一一話　判例を読み解く（4）

日本郵便の三事件

佐賀、東京、大阪と、言い渡しが後になるほど、判決文が二倍、三倍と長くなる。**令和二年十月十五日の日本郵便事件＝最高裁第一小法廷判決**には、判決文の長さという点で、このような違いがみられた。

「無期契約労働者に対しては夏期休暇及び冬期休暇を与える一方で有期契約労働者に対してはこれを与えないという労働条件の相違が労働契約法（平成三十年法律第七十一号による改正前のもの）二十条にいう不合理と認められるものに当たるとされた事例」。

判決文の最も短い**日本郵便（佐賀）事件**の場合、裁判所のＨＰに示された判示事項にはこう記されていた。

「有期労働契約を締結している労働者と無期労働契約を締結している労働者との個々の賃金項目に係る労働条件の相違が労働契約法二十条にいう不合理と認められるものであるか否かを判断するに当たっては、両者の賃金の総額を比較することのみによるのではなく、当該賃金項目の趣旨を個別に考慮すべきものと解するのが相当である（略）ところ、賃金以外の労働条件の相違についても、同様に、個々の労働条件の趣旨を個別に考慮すべきものと解するのが相当である」。

先に**第九話**でもみたように、判決はこのようにその判断枠組みを示した後、次のように述べる。

「上告人において、郵便の業務を担当する正社員に対して夏期冬期休暇が与えられているのは、年次有給休暇や病気休暇等とは別に、労働から離れる機会を与えることにより、心身の回復を図るという目的によるものであると解され、夏期冬期休暇の取得の可否や取得し得る日数は上記正社員の勤続期間の長さに応じて定まるものとはされていない。そして、郵便の業務を担当する時給制契約社員は、契約期間が六か月以内とされるなど、繁忙期に限定された短期間の勤務ではなく、業務の繁閑に関わらない勤務が見込まれているのであって、夏期冬期休暇を与える趣旨は、上記時給制契約社員にも妥当するというべきである。

そうすると、……、郵便の業務を担当する正社員と同業務を担当する時給制契約社員との間に労働契約法二十条所定の職務の内容や当該職務の内容及び配置の変更の範囲その他の事情につき相応の相違があること等を考慮しても、両者の間に夏期冬期休暇に係る労働条件の相違があることは、不合理であると評価することができるものといえる。

したがって、郵便の業務を担当する正社員に対して夏期冬期休暇を与える一方、郵便の業務を担当する時給制契約社員に対して夏期冬期休暇を与えないという労働条件の相違は、労働契約法二十条にいう不合理と認められるものに当たると解するのが相当である」。「郵便の業務を担当する正社員と同業務を担当する時給制契約社員」。判決は、双方の間で、業務の内容に違いがなかったかのような印象を与えるものとなっているが、印象操作の感もないではない。

「夏期冬期休暇の取得の可否や取得し得る日数は上記正社員の勤続期間の長さに応じて定まるものとはされていない」以上、時給制契約社員にも、年次有給休暇とは別に「心身の回復を図る」ことを目的とした、夏期冬期休暇を認めるべきである。そんな結論が先行した判決であったとも考えられる。

さらに、判決は以下のようにいう。「また、上告人における夏期冬期休暇は、有給休暇として所定の期間内に所定の日数を取得することができるものであるところ、郵便の業務を担当する時給制契約社員である被上告人は、夏期冬期休暇を与えられなかったことにより、当該所定の日数につき、本来する必要のなかった勤務をせざるを得なかったものといえるから、上記勤務をしたことによる財産的損害を受けたものということができる」。

夏期冬期休暇が制度化されていないために、時給制契約社員である被上告人が当該休暇を「取得する機会を失った」（**平成三十年五月二十四日福岡高裁判決**）ことは事実であるとしても、これを「本来する必要のなかった勤務をせざるを得なかった」と表現することには少なからず違和感がある。

では、なぜ勤労の精神を否定したととられかねないこのような表現を、最高裁は判決文で使用したのか。思うに、そのヒントは他の二事件にある。

まず、**日本郵便（東京）事件**の場合、原審（**平成三十年十二月十三日東京高裁判決**）は「夏期冬期休暇に関する正社員と時給制契約社員との間の相違は、不合理であると認められる」としつつ、「第一審原告らが現実に夏期冬期休暇が付与されなかったことにより、賃金相当額の損害を被った事実、すなわち、第一審原告らが無給の休暇を取得したが、夏期冬期休暇が付与されていれば同休暇により有給の休暇を取得し賃金が支給されたであろう事実の主張立証はない」として、「第一審原告らに夏期冬期休暇が付与されていなかったことにより、損害が発生したとは認められない」とした。

他方、**日本郵便（大阪）事件**の場合、原審（**平成三十一年一月二十四日大阪高裁判決**）は、夏期冬期休暇について、通算契約期間が五年を超えている一審原告らと正社員との間で「相違を設けることは、不合理というべきである」とした上で、月給制契約社員である一審原告については「月給制契約社員の基本賃金は実際に就労した日数にかかわらず定額であるが、夏期冬期休暇が付与されれば同日は労務を提供することなく休養したり心身の健康の維持、増進等を図るための活動に充てたりすることができ、それを金銭に換算すれば、一日当たりの賃金額に正社員であれば付与された夏期冬期休暇の日数を乗じた額に相当する損害を被ったというべきである」とし、時給制契約社員であるその余の一審原告らについては「時給制契約社員は正規の勤務時間を割り振られた日及び週休日以外の日は非番日とされて無給であるところ、夏期冬期休暇が付与されれば非番日の一部を有給の夏期冬期休暇とすることができたはずであるといえるから、時給額に一日の勤務時間（いずれも八時間）と正社員であれば付与された夏期冬期休暇の日数を乗じた額に相当する額の損害を被ったというべきである」とした。

これに対して、最高裁は、**日本郵便（東京）事件**では、先にみた**日本郵便（佐賀）事件**と同様、「夏期冬期休暇を与えられなかったことにより、当該所定の日数につき、本来する必要のなかった勤務をせざるを得なかったものといえるから、上記勤務をしたことによる財産的損害を受けたものということができる」と判示するとともに、「当該時給制契約社員が無給の休暇を取得したか否かなどは、上記損害の有無の判断を左右するものではない」として、「郵便の業務を担当する時給制契約社員である第一審原告らについて、無給の休暇を取得したなどの事実の主張立証がないとして、夏期冬期休暇を与えられないことによる損害が生じたとはいえないとした原審の判断には、不法行為に関する法令の解釈適用を誤った違法がある」とする。

そして、**日本郵便（大阪）事件**では、上告受理申立て理由が、原審の「判断には民法七百九条の解釈適用の誤りがある旨をいうもの」であったことを確認した上で、先に引用したフレーズをここでも一字一句違うことなく、繰り返すものとなる。

確かに、同事件の場合、時給制契約社員に係る損害発生に関する原審の説示には不可解な点（休暇が労働義務からの解放を意味するとすれば、非番日の休暇取得という考え方はおかしい）もあった。

だが、時給制契約社員も月給制契約社員と同様、「夏期冬期休暇が付与されれば同日は労務を提供することなく休養したり心身の健康の維持、増進等を図るための活動に充てたりすることができ」たことに変わりはない。

だとすれば、損害が発生したことは自明であり、「本来する必要のなかった勤務をせざるを得なかった」などと、損害額の算定根拠を無理矢理こじつける必要もなかった（常識に委ねればよかった）のではないか。

（令和三年一月十一日）

第一二話　判例を読み解く（5）

日本郵便の三事件　続

既に賃金を支払われている勤務日について、夏期冬期休暇を取得したと仮定して賃金相当額の支払いを命じることは、賃金の二重払いを使用者に求めることになる。

第一一話でみたように、**日本郵便（東京）事件＝平成三十年十二月十三日東京高裁判決**が「第一審原告らが現実に夏期冬期休暇が付与されなかったことにより、賃金相当額の損害を被った事実、すなわち、第一審原告らが無給の休暇を取得したが、夏期冬期休暇が付与されていれば同休暇により有給の休暇を取得し賃金が支給されたであろう事実の主張立証はない」とし、**日本郵便（大阪）事件＝平成三十一年一月二十四日大阪高裁判決**が第一審原告らの一部（時給制契約社員）について「夏期冬期休暇が付与されれば非番日の一部を有給の夏期冬期休暇とすることができたはずであるといえるから、時給額に一日の勤務時間（いずれも八時間）と正社員であれば付与された夏期冬期休暇の日数を乗じた額に相当する額の損害を被ったというべきである」としたのも、こうした考え方に基づいていたと考えられる。

「夏期冬期休暇を与えられなかったことにより、当該所定の日数につき、本来する必要のなかった勤務をせざるを得なかった」。**日本郵便（佐賀・東京・大阪）の三事件**において、最高裁（**令和二年十月十五日第一小法廷判決**）がこのように極端ともいえる表現を用いて判示した理由もまた、そこにあった。そうまでいう必要はなかったのではないかとの疑問もあるが、むしろ裁判官の真意を忖度すべきといえるかもしれない。

では、夏期冬期休暇以外の休暇についてはどうか。例えば、裁判所のＨＰに示された最高裁判決の判示事項において「私傷病による病気休暇として無期契約労働者に対して有給休暇を与える一方で有期契約労働者に対して無給の休暇のみを与えるという労働条件の相違が労働契約法（平成三十年法律第七十一号による改正前のもの）二十条にいう不合理と認められるものに当たるとされた事例」として、**日本郵便（東京）事件**がある。

具体的には、最高裁は次のようにいう。

「第一審被告において、私傷病により勤務することができなくなった郵便の業務を担当する正社員に対して有給の病気休暇が与えられているのは、上記正社員が長期にわたり継続して勤務することが期待されることから、その生活保障を図り、私傷病の療養に専念させることを通じて、その継続的な雇用を確保するという目的によるものと考えられる。このように、継続的な勤務が見込まれる労働者に私傷病による有給の病気休暇を与えるものとすることは、使用者の経営判断として尊重し得るものと解される。もっとも、上記目的に照らせば、郵便の業務を担当する時給制契約社員についても、相応に継続的な勤務が見込まれるのであれば、私傷病による有給の病気休暇を与えることとした趣旨は妥当するというべきである。そして、第一審被告においては、上記時給制契約社員は、契約期間が六か月以内とされており、第一審原告らのように有期労働契約の更新を繰り返して勤務する者が存するなど、相応に継続的な勤務が見込まれているといえる。そうすると、……、上記正社員と上記時給制契約社員との間に労働契約法二十条所定の職務の内容や当該職務の内容及び配置の変更の範囲その他の事情につき相応の相違があること等を考慮しても、私傷病による病気休暇の日数につき相違を設けることはともかく、これを有給とするか無給とするかにつき労働条件の相違があることは、不合理であると評価することができるものといえる」。

本件の場合、病気休暇に係る損害賠償請求を行った時給制契約社員は一名であり、認容額も合計で二万八二八〇円にとどまっていた（計四日。うち二日は年次有給休暇（使用権の消滅による損害を被ったとする）、残り二日は承認欠勤（無給の病気休暇）。以上、**前掲・東京高裁判決**による）。

ちなみに、**日本郵便（大阪）事件**の場合、病気休暇に係る損害賠償請求を行った時給制契約社員は二名、認容額は合計で八万八三二〇円となった（いずれも年休で処理（夏期冬期休暇と同様に、「正社員であれば有給の病気休暇が付与されるため年次有給休暇を取得する必要がなく、その分非番日の一部を年次有給休暇とすることができたはずである」とする)。以上、**前掲・大阪高裁判決**による）が、上告受理の決定において申立てが排除されたためか、最高裁では病気休暇は審理の対象とはなっていない。

しかし、私傷病による病気休暇の日数は、正社員が九〇日であるのに対し、時給制契約社員の場合には、これが一〇日にとどまる。最高裁は、先にみたように「病気休暇の日数につき相違を設けることはともかく」とはいうものの、精神疾患のように、私傷病の内容いかんでは、年休に無給の病気休暇を加えても足りない場合がある。

病気休暇の日数にはこだわらない。今回の最高裁判決だけで、裁判所の姿勢をこのように考えると、判断を誤ることになろう。

補　病気休暇の無給化

国立大学法人大阪大学は、法人化に当たって常勤職員に適用される「教職員の労働時間、休日及び休暇等に関する細則」に、次のような規定を設けた。

（特別休暇）

第九条　労働時間規程第二十二条に規定する特別休暇は、次の各号のいずれかに該当する場合に、これを与えるものとし、その期間は、当該各号に定める期間とする。

一　教職員が負傷又は疾病により療養するため、勤務しないことがやむを得ないと認められるとき　療養のために必要と認められる期間（連続する九〇日以内の期間に限る。）
二　以下、略
2　前項第一号（略）、第七号及び第八号のいずれかの規定（注：産前産後の休業に関する規定）に該当する場合には、当該期間中（前項第一号に掲げる期間のうち、勤務することができなくなった日から起算して最初の三日間を除く。）、その給与を支給しない。
3　前項に規定する場合を除き、第一項各号のいずれかの規定に該当するときは、当該期間中、通常の労働時間又は労働日に勤務した場合に支払われる給与に相当する額（略）を支給する。（ただし書、略）
4　以下、略

附　則

1　略（施行・適用期日に関する規定）

（特別休暇に関する経過措置）

2　第九条第二項及び第三項の規定にかかわらず、当分の間、同条第二項の規定はこれを適用せず、同条第三項本文の規定は、「第一項各号（第一号を除く。）のいずれかの規定に該当する場合には、当該期間中、通常の労働時間又は労働日に支払われる給与に相当する額を支給し、同項第一号の規定に該当する場合には、当該期間中、通常の労働日に支払われる給与に相当する額（略）を支給する。」と、これを読み替えて適用する。以来、十数年。附則（原始附則）第二項に定める「当分の間」は、ようやく「令和三年三月三十一日までの間」と改められる。

無給化とはいっても、これに代わるものとして、共済組合にも傷病手当金（産休期間中は出産手当金）の制度がある。

常勤職員に対しては、九〇日の病気休暇を有給で与え、非常勤職員にはせいぜい一〇日の無給休暇しか与えない。こんな制度が保つはずがない。大阪大学には、法人化当初から、そのような読みがあった（なお、大阪大学では法人化後まもなく、非常勤職員の病気休暇の期間を三〇日に引き上げている）。

常勤・非常勤の別を問わない、病気休暇の有給付与は理想であっても、現実性に著しく欠ける。時間は多少かかっても、無給化での統一以外に道はないのである。

（令和三年一月二十五日）

第一三話　判例を読み解く（6）

日本郵便の三事件　続々

時給制契約社員についても、「相応に継続的な勤務が見込まれる」。**第一二話**でみたように、**日本郵便（東京）事件＝令和二年十月十五日最高裁第一小法廷判決**において、正社員には私傷病による有給の病気休暇を与え、時給制契約社員には無給の休暇しか与えなかったことが、不合理であると評価された理由はここにあった。

したがって、「相応に継続的な勤務が見込まれる」とはいい難いアルバイト職員については、**第一〇話**でみた**大阪医科薬科大学事件＝令和二年十月十三日最高裁第三小法廷判決**が述べるように、正職員との間で「私傷病による欠勤中の賃金に係る労働条件の相違」があったとしても、当該相違は「不合理であると評価することができるものとはいえない」ということになる。

だが、「相応に継続的な勤務が見込まれる」とはいっても、最高裁によって明確な基準が示されたわけではない。「上記時給制契約社員は、契約期間が六か月以内とされており、第一審原告らのように有期労働契約の更新を繰り返して勤務する者が存するなど、相応に継続的な勤務が見込まれているといえる」。**日本郵便（東京）事件判決**も、こう判示するものでしかなかった（以上、傍線は筆者による。以下同じ）。

「第一審原告は、勤務開始後二年余りで欠勤扱いとなり、欠勤期間を含む在籍期間も三年余りにとどまり、その勤続期間が相当の長期間に及んでいたとはいい難く、第一審原告の有期労働契約が当然に更新され契約期間が継続する状況にあったことをうかがわせる事情も見当たらない」。確かに、**大阪医科薬科大学事件判決**は、このように判示するものであったが、これとて、本件に固有の事情（十分条件とはいえるものの、必要条件とはいえない事情）に言及したものにすぎない。

そして、明確な基準を示さなかったという点では、日本郵便の他の事件も異なるものではなかった。

例えば、「無期契約労働者に対して年末年始勤務手当、年始期間の勤務に対する祝日給及び扶養手当を支給する一方で有期契約労働者に対してこれらを支給しないという労働条件の相違がそれぞれ労働契約法（平成三十年法律第七十一号による改正前のもの）二十条にいう不合理と認められるものに当たるとされた事例」（裁判所のＨＰに記された判示事項）である、**日本郵便（大阪）事件＝令和二年十月十五日最高裁第一小法廷判決**は、扶養手当について次のように述べる。

「第一審被告において、郵便の業務を担当する正社員に対して扶養手当が支給されているのは、上記正社員が長期にわたり継続して勤務することが期待されることから、その生活保障や福利厚生を図り、扶養親族のある者の生活設計等を容易にさせることを通じて、その継続的な雇用を確保するという目的によるものと考えられる。このように、継続的な勤務が見込まれる労働者に扶養手当を支給するものとすることは、使用者の経営判断として尊重し得るものと解される。もっとも、上記目的に照らせば、本件契約社員についても、扶養親族があり、かつ、相応に継続的な勤務が見込まれるのであれば、扶養手当を支給することとした趣旨は妥当するというべきである。そして、第一審被告においては、本件契約社員は、契約期間が六か月以内（注：時給制契約社員）又は一年以内（注：月給制契約社員）とされており、第一審原告らのように有期労働契約の更新を繰り返して勤務する者が存するなど、相応に継続的な勤務が見込まれているといえる。そうすると、……、上記正社員と本件契約社員との間に労働契約法二十条所定の職務の内容や当該職務の内容及び配置の変更の範囲その他の事情につき相応の相違があること等を考慮しても、両者の間に扶養手当に係る労働条件の相違があることは、不合理であると評価することができるものというべきである。

したがって、郵便の業務を担当する正社員に対して扶養手当を支給する一方で、本件契約社員に対してこれを支給しないという労働条件の相違は、労働契約法二十条にいう不合理と認められるものに当たると解するのが相当である」。

本件の場合、原審（平成三十一年一月二十四日大阪高裁判決）は、「第一審被告における扶養手当は、長期雇用を前提として基本給を補完する生活手当としての性質及び趣旨を有するものであるところ、本件契約社員が原則として短期雇用を前提とすること等からすると、正社員に対して扶養手当を支給する一方で、本件契約社員に対してこれを支給しないという労働条件の相違は、労働契約法二十条にいう不合理と認められるものに当たらない」（最高裁による要約。以下同じ）として、第一審原告らの請求を棄却するものであったが、年末年始勤務手当や年始期間の勤務に対する祝日給に係る労働条件の相違については、契約社員であっても、通算雇用期間が五年を超える場合には、正社員との間に労働条件の「相違を設ける根拠は薄弱なものとならざるを得ず、上記相違は、同条にいう不合理と認められるものに当たる」とするものであった。

これに対し、最高裁は、年末年始勤務手当については「所定の期間において実際に勤務したこと自体を支給要件とするものであり、その支給金額も、実際に勤務した時期と時間に応じて一律である」ことを重視して、また年始期間の勤務に対する祝日給については「本件契約社員は、契約期間が六か月以内又は一年以内とされており、第一審原告らのように有期労働契約の更新を繰り返して勤務する者も存するなど、繁忙期に限定された短期間の勤務ではなく、業務の繁閑に関わらない勤務が見込まれている」ことを理由として、原審が認めなかった通算雇用期間が五年を超えていなかった時期の損害賠償請求（第一審原告らのうち一名が該当）についても、これを認めるものとなっている。

すなわち、これら二種類の諸手当については、通算雇用期間の長短はもはや判断基準とはならない。それが最高裁の考え方であるといってよいであろう（なお、**第一一話**でみたように、「時給制契約社員は、契約期間が六か月以内とされるなど、繁忙期に限定された短期間の勤務ではなく、業務の繁閑に関わらない勤務が見込まれている」ことは、**日本郵便（佐賀）事件＝令和二年十月十五日最高裁第一小法廷判決**でも、夏期冬期休暇に係る労働条件の相違を不合理であると判断する理由として援用されている）。

補　諸手当等の沿革

日本郵便（大阪）事件の場合、原審である**大阪高裁の判決**には、次のように述べるくだりがある。

「〔1〕扶養手当は、昭和十五年に発生した日華事変の進展に伴う物価騰貴に対して、政府職員のうち一部の職員に対して『臨時家族手当』を支給する制度が創設されたことをきっかけとして、郵政省においても同年に導入され、その後、第二次世界大戦の終戦前後の国内経済事情のインフレの進行等の大きな変動に対処するため、適用範囲の拡充、支給金額の引上げ等の数次にわたる改正が行われ、郵政民営化後、現在の一審被告における扶養手当に引き継がれたものであること、〔2〕その後の支給額について、その都度労使協議を経て改正・決定されていること、以上の事実が認められる」。

同判決は、年末年始勤務手当についても、「昭和三十二年に常勤職員に導入された年末年始特別繁忙手当に由来する」等の興味深い沿革を記しているが、夏期冬期休暇については「昭和三十九年十二月に夏期休暇を一日付与することとされたこと」を嚆矢とすることに触れるとともに、「郵政省における病気休暇制度は明治憲法下から存在していた」という事実にも言及している。

こうした沿革に加え、国立大学法人や独立行政法人の場合、労使協議を経た改正・決定が難しいという問題もある（この点につき、**第二二話**および**第二三話**を参照）。その見直しには相当の覚悟が必要といえよう。

（令和三年二月八日）

第一四話　判例を読み解く（7）

最高裁判決と認定事実

契約期間が六か月（または一年）以内とされていることのほか、「第一審原告らのように有期労働契約の更新を繰り返して勤務する者が存するなど」として、契約社員についても「相応に継続的な勤務」や「業務の繁閑に関わらない勤務」が見込まれているとする。

第一三話でみたように、**日本郵便の三事件＝令和二年十月十五日最高裁第一小法廷判決**は、正社員との間における扶養手当や年末年始勤務手当に係る労働条件の相違を不合理であると評価するに当たって、このように判示するものであった。

しかし、一方で、**日本郵便（大阪）事件＝平成三十一年一月二十四日大阪高裁判決**が、年末年始勤務手当の支給に関連して、「年末年始が最繁忙期になり、その時期に業務に従事しなければならないこと自体は、正社員のみならず本件契約社員においても同様」としつつ、以下のような事実を認定していたことにも留意する必要がある。

「本件契約社員は、〔1〕原則として短期雇用を前提とし、各郵便局において、その必要に応じて柔軟に労働力を補充、確保することを目的の一つとして設けられている雇用区分であり、その募集は、各郵便局の判断により、当該郵便局における業務量等の状況に応じて随時行われ、年末年始の期間は休日とされておらず、同期間に（むしろ同期間こそ）業務に従事することを当然の前提として採用されているということができること（略）、〔2〕契約期間は、時給制契約社員については六か月以内、月給制契約社員については一年以内とされており、実際にも、時給制契約社員の従業員数は、毎年、年末年始の期間又はこれを含む下半期に増加し、採用者数も、毎年、年末年始の期間に向けて十一、十二月が多くなっていること、〔3〕時給制契約社員の退職者の五割以上が一年以内、七割以上が三年以内での退職という統計結果があること（略）が指摘できる」。

通算契約期間が五年を超えることに、大阪高裁がなぜこだわったのか。そこにはこんな事情（認定事実）があったのである。

確かに、**日本郵便（東京）事件＝平成三十年十二月十三日東京高裁判決**は、次のようにいう。

「第一審被告は、時給制契約社員は、年末年始の期間に必要な労働力を補充・確保するための臨時的な労働力としての性格も有しており、採用時の段階で年末年始の期間も（むしろ年末年始の期間こそ）出勤して業務に従事することが想定されているから、年末年始勤務手当の趣旨は妥当しないと主張する。しかし、時給制契約社員の契約期間は六か月以内である（略）が、その多くは六か月であって、更新もされること（略）からすれば、時給制契約社員が、年末年始の期間に必要な労働力を補充・確保するための臨時的な労働力であるとは認められない。時給制契約社員に年末年始勤務手当の趣旨が妥当しないとはいえない。」

「時給制契約社員が、年末年始の期間に必要な労働力を補充・確保するための臨時的な労働力であるとまではいえない」。右の判示部分をこのように言い換えたとしても、表現の問題にとどまる。そういえなくもないが、時給制契約社員の多くが「年末年始の期間に必要な労働力を補充・確保する」ことを目的として採用されているという事実は、やはり無視すべきではない。

日本郵便事件の場合、認定された事実は、全社に共通する事実（数値や割合は、全体の計または平均）であって、地域ごとに異なる事実ではない。

後述する正社員への登用制度に関する実績のように、**東京高裁**と**大阪高裁**では、数値に若干の差異がみられるとはいえ、大きな違いといえるものではない。

「原判決において適法に確定した事実は、上告裁判所を拘束する」。民事訴訟法三百二十一条一項は、こう規定する。

だが、高裁の認定した事実を要約する過程で、認定事実を端折ることにより、最高裁が事実上これを書き換えてしまうことはしばしばある（例えば、**みちのく銀行事件＝平成十二年九月七日第一小法廷判決**は、その典型ともいえる。拙著『法人職員・公務員のための労働法　判例編』（ジアース教育新社、平成三十年）二四三頁以下を参照）。**日本郵便事件の最高裁判決**も、その例外ではなかった。こうした判例の世界にみる現実にも注意する必要があろう。

認定事実にみる登用制度

正社員への登用制度を設けることは、非正社員（アルバイト職員や契約社員）と正社員との間における労働条件の相違が不合理と認められるものであるか否かを判断するに当たり、労働契約法二十条所定の「その他の事情」として考慮されることがある。

例えば、**令和二年十月十三日に最高裁第三小法廷**によって言渡しのあった**大阪医科薬科大学事件**および**メトロコマース事件**では、次のような認定事実がそれぞれ賞与や退職金等の支給に係る労働条件の相違を不合理と判断するのを否定する方向に働くことになった（以下、認定事実は、最高裁の要約による）。

「第一審被告においては、アルバイト職員から契約職員、契約職員から正職員への試験による登用制度が設けられていた。前者については、アルバイト職員のうち、一年以上の勤続年数があり、所属長の推薦を受けた者が受験資格を有するものとされ、受験資格を有する者のうち三〜五割程度の者が受験していた。平成二十五年から同二十七年までの各年においては一六〜三〇名が受験し、うち五〜一九名が合格した。また、後者については、平成二十五年から同二十七年までの各年において七〜一三名が合格した」（**大阪医科薬科大学事件**）。

「第一審被告においては、契約社員Bから契約社員A、契約社員Aから正社員への登用制度が設けられ、平成二十二年度から導入された登用試験では、原則として勤続一年以上の希望者全員に受験が認められていた。平成二十二年度から同二十六年度までの間においては、契約社員Aへの登用試験につき受験者合計一三四名のうち二八名が、正社員への登用試験につき同一〇五名のうち七八名が、それぞれ合格した」（**メトロコマース事件**）。

後者についていえば、契約社員Bから契約社員Aへの登用試験の合格率は二〇・九％、契約社員Aから正社員の登用試験の場合には、実に七四・三％の高い合格率を記録するものとなっている。

ただ、登用制度の採用が、常に「その他の事情」として考慮されるわけではない。**日本郵便の三事件**において、**最高裁判決**（**前掲**）が登用制度にまったく言及していないのは、その何よりの証拠である。

ちなみに、**日本郵便**（**東京**）**事件**の**前掲・東京高裁判決**は、「平成二十二年度と平成二十三年度に正社員登用試験に合格した時給制契約社員の合計は、応募者数三万九一〇一人の約一三％に当たる四九六八人であり、平成二十六年度と平成二十七年度に正社員登用試験に合格した時給制契約社員の合計は、応募者数一万五四九四人の約三割に当たる四三〇一人である」（なお、**日本郵便（大阪）事件の前掲・大阪高裁判決**（原判決（**平成三十年二月二十一日大阪地裁判決**）を引用）と、人数に若干差異はあるものの、比率に違いはない）等とした上で、「実際に正社員に登用された時給制契約社員は平均すると一年に二千数百人であって、時給制契約社員の従業員数一六万六九八三人（略）に比べ多数といえないから、多くの時給制契約社員には正社員に登用される可能性は大きくないと言わざるを得ない」として、平成二十四年度および二十五年度には登用制度が実施されなかった事実に照らし、「上記登用制度が用意されていることを『その他の事情』として考慮するとしても、これを重視することは相当でない」とする。

それゆえ、どの程度の合格率であれば考慮の対象となるのかは、依然として不明という以外にあるまい。

（令和三年二月二十二日）

第一五話　判例を読み解く（8）

最高裁判決後の下級審判例(1)

令和二年十月十三日および十五日の最高裁判決からおよそ二週間が経過した頃、定年後再雇用された嘱託職員二名を原告とする事件において、世間の注目を集める地裁判決が下されることになる。**名古屋自動車学校事件＝令和二年十月二十八日名古屋地裁判決**がそれである。

「再雇用、定年前と賃金格差　六割切る基本給『不合理』　名古屋地裁判決」。翌二十九日の『日本経済新聞』朝刊は、このようなリードのもとに、判決内容を報じた。

「本件は、自動車学校の経営等を目的とする株式会社である被告を定年退職した後に、期間の定めのある労働契約（以下「有期労働契約」という。）を被告と締結して就労していた原告らが、期間の定めのない労働契約（以下「無期労働契約」という。）を被告と締結している従業員（以下「正職員」という。）との間に、労働契約法二十条（平成三十年法律第七十一号による改正前のもの。以下同じ。）に違反する労働条件の相違があると主張して、被告に対し、「本来支給されるべき賃金と実際に支給された賃金の差額等からなる」金員の支払を求めた事案である」。

判決は、本件事案の概要について、右のようにいう。そして、基本給については、以下のように説示するものとなっている。

「原告らは、被告を正職員として定年退職した後に嘱託職員として有期労働契約により再雇用された者であるが、正職員定年退職時と嘱託職員時でその職務内容及び変更範囲には相違がなく、原告らの正職員定年退職時の賃金は、賃金センサス上の平均賃金を下回る水準であった中で、原告らの嘱託職員時の基本給は、それが労働契約に基づく労働の対償の中核であるにもかかわらず、正職員定年退職時の基本給を大きく下回るものとされており、そのため、原告らに比べて職務上の経験に劣り、基本給に年功的性格があることから将来の増額に備えて金額が抑制される傾向にある若年正職員の基本給をも下回るばかりか、賃金の総額が正職員定年退職時の労働条件を適用した場合の六〇％をやや上回るかそれ以下にとどまる帰結をもたらしているものであって、このような帰結は、労使自治が反映された結果でもない以上、嘱託職員の基本給が年功的性格を含まないこと、原告らが退職金を受給しており、要件を満たせば高年齢雇用継続基本給付金及び老齢厚生年金（比例報酬分）の支給を受けることができたことといった事情を踏まえたとしても、労働者の生活保障の観点からも看過し難い水準に達しているというべきである。

そうすると、原告らの正職員定年退職時と嘱託職員時の各基本給に係る金額という労働条件の相違は、労働者の生活保障という観点も踏まえ、嘱託職員時の基本給が正職員定年退職時の基本給の六〇％を下回る限度で、労働契約法二十条にいう不合理と認められるものに当たると解するのが相当である」。

また、賞与についても、基本給とほぼ共通した判断を行った上で、「原告らの正職員定年退職時の賞与と嘱託職員時の嘱託職員一時金に係る金額という労働条件の相違は、労働者の生活保障という観点も踏まえ、原告らの基本給を正職員定年退職時の六〇％の金額（略）であるとして、各季の正職員の賞与の調整率（略）を乗じた結果を下回る限度で、労働契約法二十条にいう不合理と認められるものに当たると解するのが相当である」とする。

確かに、本件と同様、定年後の嘱託乗務員と正社員との労働条件の相違が問題となった**長澤運輸事件＝平成三十年六月一日最高裁第二小法廷判決**との間には、「嘱託乗務員と正社員との職務内容及び変更範囲が同一」であること等、共通点もある（判断枠組みも、当該事件のほか、同日の**ハマキョウレックス事件判決**に従っている）。

しかし、被上告人会社が「組合との団体交渉を経て、嘱託乗務員の基本賃金を増額し」、「基本賃金の額を定年退職時の基本給の水準以上とすることによって収入の安定に配慮」していたとされる**長澤運輸事件**の場合、そもそも基本賃金（基本給）の額の相違が争点となることはあり得ず、こうした事情も手伝って、「正社員に対して賞与を支給する一方で、嘱託乗務員に対してこれを支給しないという労働条件の相違」についても、これを「不合理であると評価することができるものとはいえない」との判断が示された。

他方、**名古屋自動車学校事件**の場合には、「嘱託職員時の基本給が正職員定年退職時の基本給の六〇%」を下回っていた（最もその額が高かった嘱託職員の一年目においても、五〇%以下（四五%または四八・八%）にとどまっていた）。このことが基本給はもとより、賞与に関しても、労働条件の相違に係る判決の結論を決定づけるものとなった（ただ、判決のいう「賃金センサス上の平均賃金」は、自動車学校指導員の平均ではなく、あくまで産業計の平均値であり、これと単純比較することには疑問もある）。

本件の場合、先にみたように、嘱託職員の賃金総額は、定年退職時の「六〇%をやや上回るかそれ以下」のレベルにあり、原告らの主張によれば、老齢厚生年金（比例報酬分）および高年齢雇用継続基本給付金をこれに加えると、「定年退職時の賃金総額の七〇%」という水準にあった（いずれも正確には「とどまる」と表現されており、判決も原告らも、このような事情を実際にはネガティブにしか評価していない）。

それでも、個別賃金項目の代表ともいうべき基本給が「定年退職時の六〇%」を下回ると、職務内容等が同一であれば「労働契約法二十条にいう不合理と認められる」。

それが**名古屋自動車学校事件判決**の結論である（なお、家族手当に係る相違については長澤運輸事件判決と同様、これを「労働契約法二十条にいう不合理と認められるものに当たるということはできない」とする）ことにも、注意する必要があろう。

補　定年後再雇用と連合調査

日本労働組合総連合会（連合）が令和二年六月に連合の登録組合を対象として実施した「二〇二〇年度　労働条件調査」によると、次のような再雇用・勤務延長の現状（回答は主要組合のもの）が明らかになる（引用は、『れんごう政策資料』二五七号による）。

まず、「仕事内容（複数回答可）としては、『同じ職場で同じ仕事』が九二・三％と最も多い」。「代表的なもの（一つ選択）をみても『同じ職場で同じ仕事』（七九・〇％）が他を大きく上回る」（三二頁）。

次に、「労働時間（複数回答）をみると『定年時と同じ勤務形態』が九二・八％と際立って多い」。「代表的なもの（一つ選択）をみても『定年時と同じ勤務形態』（八八・九％）が他を大きく上回る」（三三頁）。

他方、賃金・一時金についてみると、「月例賃金は平均で定年時の五九・五％に設定されている」。「一時金は『あり』が七九・五％である。一時金が『あり』の場合の水準は、平均で定年時の四七・一％に設定されている」。「これらを含めた年収は、平均で定年時の五六・五％となっている」（三四頁）。

賃金・一時金については、「いずれも二〇一五年以降の結果をみても大きな変化はみられない」と総括されているものの、毎年少しずつ改善をみていること（例えば、一五年の年収は、定年時の五〇・四％にとどまっていた）は、表（第3―11表）からも読み取れる。

これが**名古屋自動車学校事件判決**にいう「労使自治が反映された結果」であるが、仮に労働組合の関与がなければ、賃金・一時金の水準は右にみたものよりも低くなっていたと考えるのが常識的な見方であろう。

なお、本調査によれば、再雇用者等に係る有期雇用契約を更新しない場合（注：継続雇用制度の「経過措置」によるものを除く）の事由について「解雇事由または退職事由以外の条件がある」とした回答は、四一・六％を数えるものとなっている（三一頁、二〇〇頁「調査票」）【令和三年六月に実施された調査では、三八・四％。『れんごう政策資料』二五八号三一頁、二二四頁「調査票」】。教科書には決して書かれることのない、リアルな現実がそこにはあった。

（令和三年三月八日）

第一六話　判例を読み解く（9）

最高裁判決後の下級審判例⑵

定年後の再雇用については、同一労働同一賃金以前の問題として、希望者全員ルールをどう考えるかという問題がある。

このことに関連して、高年法（高年齢者等の雇用の安定等に関する法律）九条一項は、その二号で「継続雇用制度」を「現に雇用している高年齢者が希望するときは、当該高年齢者をその定年後も引き続いて雇用する制度をいう」と定義した上で、その導入を事業主が講じなければならない「高年齢者雇用確保措置」の一つとして規定する。

平成二十四年の法改正までは、九条二項が過半数組合等との労使協定によって、事業主が「継続雇用制度の対象となる高年齢者に係る基準を定め、当該基準に基づく制度を導入したときは、前項第二号に掲げる措置を講じたものとみなす」と定めていたが、このような労使協定による「継続雇用制度の対象となる高年齢者に係る基準」の設定は原則として認められなくなり、九条二項はいわゆる特殊関係事業主による雇用について定めた規定に置き換えられ、改正附則の三項に以下のような経過措置が定められることになる。

（経過措置）

3　この法律の施行（注：平成二十五年四月一日）の際現にこの法律による改正前の第九条第二項の規定により同条第一項第二号に掲げる措置を講じたものとみなされている事業主については、同条第二項の規定は、平成三十七年三月三十一日までの間は、なおその効力を有する。この場合において、同項中「係る基準」とあるのは、この法律の施行の日から平成二十八年三月三十一日までの間については「係る基準（六十一歳以上の者を対象とするものに限る。）」と、同年四月一日から平成三十一年三月三十一日までの間については「係る基準（六十二歳以上の者を対象とするものに限る。）」と、同年四月一日から平成三十四年三月三十一日までの間については「係る基準（六十三歳以上の者を対象とするものに限る。）」と、同年四月一日から平成三十七年三月三十一日までの間については「係る基準（六十四歳以上の者を対象とするものに限る。）」とする。

他方、改正高年法は、九条三項で「厚生労働大臣は、第一項の事業主が講ずべき高年齢者雇用確保措置の実施及び運用（心身の故障のため業務の遂行に堪えない者等の継続雇用制度における取扱いを含む。）に関する指針（略）を定めるものとする」と規定し、当該指針（平成二十四年厚生労働省告示第五百六十号）の第二「高年齢者雇用確保措置の実施及び運用」には、「継続雇用制度」について次のような定めが設けられる。

2　継続雇用制度

継続雇用制度を導入する場合には、希望者全員を対象とする制度とする。（中略）心身の故障のため業務に堪えられないと認められること、勤務状況が著しく不良で引き続き従業員としての職責を果たし得ないこと等就業規則に定める解雇事由又は退職事由（年齢に係るものを除く。以下同じ。）に該当する場合には、継続雇用しないことができる。

就業規則に定める解雇事由又は退職事由と同一の事由を、継続雇用しないことができる事由として、解雇や退職の規定とは別に、就業規則に定めることもできる。（中略）。なお、解雇事由又は退職事由とは異なる運営基準を設けることは高年齢者等の雇用の安定等に関する法律の一部を改正する法律（略）の趣旨を没却するおそれがあることに留意する。

ただし、継続雇用しないことについては、客観的に合理的な理由があり、社会通念上相当であることが求められると考えられることに留意する。

だが、高年法九条一項に定める「高年齢者雇用確保措置」義務は、公法上の義務というにとどまり、義務違反についても同法十条に規定する指導・勧告等（勧告に従わなかった場合でも、企業名の公表が上限）の対象とはなっても、私法的効果までは生じない（最近の判例として、**西日本電信電話事件＝令和二年六月十七日大阪地裁判決**を参照）。

にもかかわらず、**ヤマサン食品工業事件＝令和二年十一月二十七日富山地裁決定**では、そうした債務者（注：本件は仮処分事件）の主張が認められなかった。

決定はいう。「本件においては、債務者に、継続雇用制度に関する就業規則や労使協定が存在している上、債権者と債務者との間で本件合意が締結されているのであり、上記就業規則及び労使協定並びに［再雇用に係る］本件合意を解釈するに当たり、高年法の趣旨を考慮することが許されないものではない」。

右にいう高年法の趣旨とは「老齢厚生年金の受給開始年齢までの収入を確保すること」にあり、『高年齢者雇用確保措置の実施及び運用に関する指針』の内容をも踏まえると、心身の故障のため業務に堪えられないと認められることや、勤務状況が著しく不良で引き続き従業員としての職責を果たし得ないこと等の就業規則に定める解雇事由又は退職事由（年齢に係るものを除く。）に該当する場合に限り、例外的に継続雇用しないことができるが、労使協定又は就業規則において、これと異なる基準を設けることは、平成二十四年改正後の高年法の趣旨を没却するものとして、許されないと解するのが相当である」とも、決定は述べる。

また、本件においては、次のような定めが就業規則に置かれていたことが決定的な意味を持っていたと考えられる。

（定年）

三―七　正社員の定年は満六〇歳とし、六〇歳に達した日の属する賃金締切日をもって退職とする。ただし、本人が希望し、解雇事由に該当しない者であって、高年法改正附則三項に基づき、別表一の年齢（平成三十一年三月二十一日から平成三十四年三月二十日までの期間は六三歳、同月二十一日から平成三十七年三月二十日までの期間は六四歳等）まで再雇用する。なお効力を有するとされる平成二十四年改正前の高年法九条二項に基づく労使協定の定める再雇用基準を満たした者については、六五歳まで再雇用する。ただし、労使協定の基準を満たさない者は、別表一の年齢まで再雇用する。

確かに、本件の場合、平成二十四年改正前の高年法九条二項に規定する「継続雇用制度の対象となる高年齢者の基準」等として定められた嘱託就業規則は、嘱託社員の要件を次のように規定していた。

a　定年退職後も勤務に精勤する意欲があること
b　過去三年間の出勤率が九五％以上であること
c　人事評価、昇給考課で普通水準（略）
d　直近の健康診断の結果、業務遂行に問題がないこと

とはいえ、その一方で、嘱託就業規則は「嘱託社員を希望する者のうち、解雇事由又は退職事由に該当する者を除く社員を就業規則三―七別表一（略）による基準年齢まで再雇

用する」、「基準年齢到達後、引き続き嘱託社員を希望する者のうち、契約期間満了の一か月前の時点で、労使協定による基準を満たした者を満六五歳まで労働契約を更新するものとする」とも規定していた。

本件合意には、就業規則の定めに抵触したときは、再雇用の可否を再検討する旨の定めもあったが、決定は、これを「解雇事由又は退職事由に該当するような就業規則違反があった場合に限定して、本件合意を解除し、再雇用の可否や雇用条件を再検討するという趣旨であると解釈すべきである」として、合意締結後に譴責処分を受けたことを理由とする定年前の解除を認めなかった。

たとえ法律上は公法上の義務にとどまるものであっても、就業規則に定めを置けば、話は違ってくる。高年法の趣旨を問題とするまでもなく、本件の場合、就業規則の内容そのものに問題があったともいえよう。

（令和三年三月二十二日）

第一七話　判例を読み解く（10）

最高裁判決後の下級審判例(3)

「本件は、労働契約法（以下「労契法」という。）十八条一項に基づき有期労働契約から期間の定めのない労働契約（以下「無期労働契約」という。）に転換した原告らが、転換後の労働条件について、雇用当初から無期労働契約を締結している労働者（以下「正社員」という。）に適用される就業規則（以下「正社員就業規則」という。）によるべきであると主張して、被告に対し、正社員就業規則に基づく権利を有する地位にあることの確認を求めるとともに、労働契約に基づく賃金請求権又は不法行為に基づく損害賠償請求権として、無期労働契約に転換した後の平成三十年十月分の賃金について正社員との賃金差額（略）及びこれに対する……年五分の割合による遅延損害金の支払を求める事案である」。

ハマキョウレックス事件＝令和二年十一月二十五日大阪地裁判決において、裁判所は、事案の概要をこのように説く。

労契法十八条一項第一文は、通算契約期間が五年を超える労働者が、使用者に対し「現に締結している有期労働契約の契約期間が満了する日までの間に、当該満了する日の翌日から労務が提供される期間の定めのない労働契約の締結の申込みをしたときは、使用者は当該申込みを承諾したものとみなす」と規定している。

そして、判決は、「原告らは、平成三十年四月一日、被告に対し、労契法十八条一項に基づき、原告らが締結している有期労働契約の契約期間が満了する同年九月三十日の翌日である同年十月一日を始期とする無期労働契約の締結を申し込み、被告は、同条項に基づき、これを承諾したものとみなされた」ことおよび「これにより、平成三十年四月一日、原告らと被告の間に同年十月一日を始期とする無期労働契約が成立した」ことを、当事者間に争いのない事実として認定している。

ちなみに、労契法の改正により、その内容を一新した現在の十八条が施行されたのは、平成二十五年四月一日。この施行日より「前の日が初日である期間の定めのある労働契約の契約期間は、〔第十八〕条第一項に規定する通算契約期間には、算入しない」。労契法には、このように経過措置を定めた規定（平成二十四年改正附則第二項）が置かれている。

本件の場合、原告ら（二名）は、それぞれ平成二十年十月および平成二十二年九月に、被告と労働契約を締結し、以後更新を重ねたというが、平成二十五年四月一日以降、半年ごとに更新が行われていたとすれば、前述した無期転換のプロセスにも問題はない。

とはいえ、原告らの契約が一年契約で、平成二十五年の更新時期が仮に四月一日でなく、半年先の十月一日であれば、話は当然違っていた。細かい問題ではあるが、こうした点にも注意を払う必要があろう。

ただ、被告の契約社員就業規則には、平成二十九年十月一日の改正により、次のように定める無期転換規定が設けられていたという事実もあった。

第十条　被告における有期労働契約期間を通算した期間が五年を超える有期の契約社員であって、引き続き雇用を希望する者は、被告に対し、期間の定めのない労働契約へ転換することの申込みをすることができる。

2　前項の申込みをしたときは、申込みをした有期の契約社員は、現に締結している労働契約が満了する日の翌日から無期契約社員となる。

3　無期契約社員の労働条件は、現に締結している有期労働契約の内容である労働条件（契約期間を除く。）と同一の労働条件とする。ただし、無期契約社員との合意のうえ、異なる労働条件を定めることができる。

したがって、労契法の規定内容とは無関係に、原告らは就業規則上、無期転換権を行使することができた。こう考えることも可能ではあろう。

他方、労契法十八条一項第二文は、無期転換の「申込みに係る期間の定めのない労働契約の内容である労働条件は、現に締結している有期労働契約の内容である労働条件（契約期間を除く。）と同一の労働条件（当該労働条件（契約期間を除く。）について別段の定めがある部分を除く。）とする」と定め、先にみたように、契約社員就業規則十条三項には、これと同趣旨の規定が置かれていた。

判決はいう（順不同）。

「労契法十八条は、期間の定めのある労働契約を締結している労働者の雇用の安定化を図るべく、無期転換により契約期間の定めをなくすことができる旨を定めたものであって、無期転換後の契約内容を正社員と同一にすることを当然に想定したものではない」。

原告らは、「無期転換後の労働条件は契約社員就業規則による旨が明記された無期パート雇用契約書（略）に署名押印して被告に提出しており、原告らと被告との間には、無期転換後も契約社員就業規則が適用されることについて明示の合意があるというべきである」。

そして、契約社員就業規則に定める無期転換規定は、「労契法十八条一項第二文と同旨のことを定めたにすぎず、無期転換後の原告らに転換前と同じく契約社員就業規則が適用されることによって、無期転換の前後を通じて期間の定めを除き原告らの労働条件に変わりはないから、［当該］規定の追加は何ら不利益変更に当たらない」。

かくして、請求棄却が判決の結論となる。

ただ、「無期転換後の原告らに契約社員就業規則を適用することとは、正社員より明らかに不利な労働条件を設定するものとして、……合理性の要件（［労契法］七条）を欠く」との原告らの主張に対して、判決が「無期転換後の原告らと正社員との労働条件の相違も、両者の職務の内容及び配置の変更の範囲等の就業の実態に応じた均衡が保たれている限り、労契法七条の合理性の要件を満たしているということができる」と応答していたことは、一方で注目されてよい。

本件は、その事件名からもわかるように、最高裁判決（**ハマキョウレックス事件＝平成三十年六月一日第二小法廷判決**）の延長戦ともいうべき事件であったが、このことに関連して、判決は次のように述べる。

「証拠（略）及び当裁判所に顕著な前訴最判によれば、被告において、有期の契約社員と正社員とで職務の内容に違いはないものの、職務の内容及び配置の変更の範囲に関しては、正社員は、出向を含む全国規模の広域異動の可能性があるほか、等級役職制度が設けられており、職務遂行能力に見合う等級役職への格付けを通じて、将来、被告の中核を担う人材として登用される可能性があるのに対し、有期の契約社員は、就業場所の変更や出向は予定されておらず、将来、そのような人材として登用されることも予定されていないという違いがあることが認められる」。

「そして、証拠（略）によれば、無期転換の前と後で原告らの勤務場所や賃金の定めについて変わるところはないことが認められ、他方で本件全証拠によっても、被告が無期転換後の原告らに正社員と同様の就業場所の変更や出向及び人材登用を予定していると認めるに足りない」。

「したがって、無期転換後の原告らと正社員との間にも、職務の内容及び配置の変更の範囲に関し、有期の契約社員と正社員との間と同様の違いがあるということができる」。

つまり、本判決は、労契法十八条一項第二文どおりに無期転換の前後を通じて、期間の定めを除く労働条件が同一であれば、問題は生じないとするような単純素朴な判決ではなかった。

無期転換後は、期間の定めがなくなることから、自ずと勤続年数も長くなり、勤続年数が長くなればなるほど、正社員との均衡を保つことも困難になる。有期雇用とは違って、「相応に継続的な勤務が見込まれている」（**第一三話**を参照）かどうかも、もはや問題とはならない。

いずれにせよ、無期転換を甘くみることは禁物といえる。このことを肝に銘じる必要があろう（拙著『法人職員・公務員のための労働法　判例編』（ジアース教育新社、平成三十年）二二八頁以下を併せ参照）。

（令和三年四月十二日）

第一八話　判例を読み解く（11）――大学の事件簿①

合理的説明が困難な現実

世の中には、合理的に説明できないことが少なくない。そんな現実を無視して、合理的に説明できないことを合理的に説明しようとすると、どうしても無理が生じる。**学校法人C事件＝令和二年六月二十四日東京高裁判決**も、その一つに数えられる。

本件は、Ｃ大学（本件大学）等を設置し運営する学校法人である被控訴人との間で期間の定めのある労働契約（有期労働契約）を締結し、本件大学の非常勤講師として就労している控訴人が、「被控訴人との間で期間の定めのない労働契約（無期労働契約）を締結している本件大学の専任教員との間に、本俸の額並びに賞与、年度末手当、家族手当及び住宅手当の支給に関し、平成三十年法律第七十一号による改正前の労働契約法（略）二十条の規定に違反する労働条件の相違があるなどと主張し、被控訴人に対し、不法行為に基づく損害賠償請求として、本件大学の専任教員に適用される就業規則等により支給されるべき賃金と実際に支給された賃金との差額」等を請求した事件であったが、原判決（**令和元年**

五月三十日東京地裁判決、詳細は、拙著『現場からみた労働法2――雇用社会の現状をどう読み解くか』（ジアース教育新社、令和二年）一八九頁以下を参照）と同様に、次のようにして控訴人の主張を斥けるものとなった。

（ア）本俸について

「専任教員については、一週間に一定時間数（コマ数）以上の授業を担当すること及び学長が必要と認めたときにはそれを超える担当時間数の授業をすることや、専攻分野について研究活動を行うことが被控訴人との間の労働契約上の義務とされ、本件大学の規程により三年に一回以上は論文を発表することが義務付けられているのであるが、それとは異なり、控訴人が専任教員と遜色のないコマ数の授業を担当したことは、本件非常勤講師給与規則の定める条件の下において、自らの意思により被控訴人と合意したことに基づくものであり、［紀要である］法学論叢に複数の論文発表をしたのも、義務の履行としてではなく、自らの希望によるものである。また、控訴人は、専任教員と異なり、被控訴人との間の労働契約に基づき、教授会における審議、各種委員会委員等の委嘱等の大学運営に関する業務を行う義務を負うことはないなど、専任教員との間には、その労働契約上の義務とその履行としての活動において、……相違があることに照らせば、本俸の額における相違は不合理とはいえ」ない。

（イ）賞与及び年度末手当について

「賞与及び年度末手当は、教職員の勤務成績に応じて支給されるものであり、この勤務成績は、一定の期間において上記のような労働契約上の義務と職責を果たした程度として把握されると考えられるところ、上記（ア）のとおり、控訴人と専任教員とでは担当授業時間数や専攻分野における研究活動についての労働契約上の義務に相違があることに加え、専任教員においては、控訴人と異なり、大学の運営に関する各種の業務を行う義務を負い、これに伴う責任があることなど、……労働契約上の義務と職責における相違があることに照らせば、控訴人に賞与及び年度末手当が支給されないことが不合理とはいえない。

また、賞与及び年度末手当については、専任教員の教育業務や研究業務の成果の評価が賞与額の算定要素とされていないのではあるが、上記の点に鑑みれば、一定期間就労したことに対する対価としての性格が、これらが控訴人に支給されないことを不合理であると評価すべきまでに強いものであるということもできない。

控訴人が多数のコマ数の授業を担当し、研究論文を発表してきたことについても、……上記の判断を左右するものではない」。

（ウ）家族手当及び住宅手当について

「専任教員は、労働契約上、教育活動及び研究活動のみならず、大学運営に関する幅広い業務を行う義務を負い、また、職務専念義務を負うが、大学設置基準により一定数以上の専任教員を確保しなければならないこととされていることに鑑みれば、給与上の処遇を手厚くすることにより相応しい人材を安定的に確保する必要があるということができる。このような観点からみれば、家族手当及び住宅手当を専任教員のみに支給することは不合理とはいえない」。

「なお、被控訴人から支払われる賃金［は］控訴人の収入の大半を占めていた」ものの、「控訴人が、被控訴人との間の労働契約上、収入を被控訴人の賃金に依存せざるを得ない専任教員とは異なる事情の下にあること［は］原判決に説示のとおりである」。

専任教員と非常勤講師の間で、労働契約上の義務や責任に違いがある場合には、本俸や賞与等に相違があったとしても、不合理とはいえない。本件における判決のリーズニングを要約すると、このようになる。

とはいえ、専任教員の場合、労働契約上の義務とはいっても、義務の履行状況が厳しくチェックされるわけではない。

例えば、判決は「大学の規程により三年に一回以上は論文を発表することが義務付けられている」というが、原判決も「平成二十七年から平成二十九年までの三年間に、法学部については約三分の一の専任教員が、商学部については約四五％の専任教員が、それぞれ本件大学の論叢に論文を掲載していない」との事実を認定している。

ただし、右の事実は「当該専任教員ら個人の問題であって、専攻分野についての研究活動を行うことが被告との間の労働契約上の業務とされ、上記の論文発表義務を負い、現に大半の専任教員がこの義務を果たしていること（略）が、原告と専任教員との職務の内容の重要な違いの一つであることを否定することはできない」というのが、原判決の判断であった（なお、「原告も複数の学術論文の発表等の研究業績を上げている」点については、「被告との間の労働契約に基づく業務として行われたものとは解し難い」とした）。

また、「賞与及び年度末手当は、教職員の勤務成績に応じて支給される」とはいうものの、本件の場合、「専任教員の教育業務や研究業務の成果の評価が賞与額の算定要素とされていない」ことは、先に引用した判決文にあるとおりであり、「大学教員の教育業務や研究業務の評価［が］大学を経営する法人である被控訴人にとって極めて困難」であることは、被控訴人自身も認めている（したがって、「これを賞与額の算定要素としないことはやむを得ない」と主張する）。

緩きにすぎるというのが外からみた大方の感想であろうが、それが大学教員の世界である。研究に秀でているからといって、授業が上手いとは限らない。教育も研究も今一だけれど、大学運営には長けている。そうした例が、現実の大学には満ちあふれている。

かといって、誰もが専任教員になれるわけではもとよりない。半分以上は「運」というのが、筆者の正直な感想でもある。筆者自身は、その幸運に恵まれたにすぎない。

確かに、専任教員と非常勤講師とでは、処遇に大きな相違がある。しかし、その相違を合理的に説明しようとしても、およそ無理がある。労働契約上の義務を云々されても、屁理屈にしか聞こえない。

それゆえであろうか、嘱託講師に対する夜間担当手当の不支給が問題となった**学校法人X事件＝令和二年一月三十一日大阪高裁判決**（**平成三十一年二月二十八日京都地裁判決**が原判決。詳細は、前掲・拙著一九三頁以下を参照）のように、ときに疑問符が付くほどに判決内容が大袈裟なものとなる。

高裁判決に曰く、「専任教員は、授業以外に学生の指導、研究活動及び大学行政というより広い職務への関与が求められ、その結果、日中及び夜間の時間の多くを事実上多く拘束され、かつ、授業に関しても時間割で示した内容の授業を学生に提供することについて重い責任を担う」。

非常勤講師は、授業に関しても軽い責任しか負わない。判決（後段部分）は、実際にはこのようにいっているに等しい。冗談にも程があるというべきであろう。

（令和三年四月二十六日）

第一九話　判例を読み解く（12）——大学の事件簿②

非常勤講師と職務給制度

屁理屈は、結局長続きしない。**第一八話**で、二件の高裁判決（**学校法人C事件＝令和二年六月二十四日東京高裁判決、学校法人X事件＝令和二年一月三十一日大阪高裁判決**）の検討を通して、いいたかったことはこの一言に尽きる。

それは、各々の事件の地裁判決（**学校法人C事件＝令和元年五月三十日東京地裁判決、学校法人X事件＝平成三十一年二月二十八日京都地裁判決**）を一読したときの感想とも共通していた（詳しくは、拙著『現場からみた労働法2——雇用社会の現状をどう読み解くか』（ジアース教育新社、令和二年）一八九頁以下、一九三頁を参照）。

もとより、原告（控訴人）の主張を認めよといっているのではない。大学の現状をもとに考えれば、被告（被控訴人）が敗訴することなどあり得ない。それが大学関係者の正直な感想であろう。

専任教員には年功的色彩の強い職能給制度を採用する一方、非常勤講師（嘱託講師）には職務給制度を採用する。国公私立の別を問わず、それが大学の実態ともいえる。

例えば、**学校法人X事件**の場合、被控訴人は「専任教員に対しては年功と職位に従って昇給していく職能型の給与体系、嘱託講師に対しては担当する授業数に応じて給与が決まる職務型の給与体系を採っている」として、給与の「一部だけを取り出して比較することは適切ではな」いと主張する。

また、**学校法人C事件**においても、被控訴人は、専任教員に対して支給される「各年度の賞与額は、給与月額の月数分として定められており、給与月額は年齢に応じて逓増し、在職年数が多くなると、年齢も高くなり、その結果賞与額も多くなるから、賞与額は在職年数に連動している」とするとともに、「賞与及び年度末手当については、大学教員の教育業務や研究業務の評価は大学を経営する法人である被控訴人にとって極めて困難であり、これを賞与額の算定要素としないことはやむを得ない」と主張する。

専任教員と非常勤講師（嘱託講師）では、給与体系がまったく違い、専任教員の賞与を含む給与が年功によって決まることも、現状では避けられない。そうした現状を裁判官にも理解してほしい、というのが法人側の主張（本音）であり、大学関係者の大多数も同じように考えているに相違ない。

しかし、裁判官の判断は、いうまでもなく事件当時の法律に拘束される。法律の解釈・適用こそが裁判官の役割となる。労働契約法（労契法）二十条や短時間労働者の雇用管理の改善等に関する法律（パートタイム労働法）八条が、それであった。

例えば、先にみた法人側の主張について、**学校法人Ｘ事件の大阪高裁判決**は、次のようにいう。「被控訴人は、専任教員と嘱託講師については、異なる考え方に基づく給与体系が採られており、その一部を取り出して比較するのは相当でなく、労契法二十条等（注：パートタイム労働法八条を含む）につき検討するまでもなく、本件手当の支給の有無についての相違は不合理でないと判断すべきであると主張するが、**ハマキョウレックス事件最高裁判決**（注：**平成三十年六月一日第二小法廷判決**）の判示するとおり、労働条件の相違が期間の定めの有無に関連して生じたものであると認められる以上、労契法二十条の適用が問題となり得る［し］、上記相違が不合理と認められるものであるかどうか［は］、本件手当の性質及び趣旨のほか、専任教員と嘱託講師の業務の内容及び業務に伴う責任の程度など労契法二十条に掲げる事情を勘案して判断すべきであるから、上記相違が異なる考え方による給与体系に基づくことをもって労契法二十条等の適用が問題とならないと解するのは相当ではない」（判決文中、ゴシック体は筆者による）。

確かに、判決は、いずれのケースにおいても、職務の内容（業務の内容及び業務に伴う責任の程度）に違いがあることを理由として、原告（控訴人）の主張を認めなかった。

例えば、賞与等の支給につき、**学校法人Ｃ事件の東京高裁判決**は、次のように述べる。

「賞与及び年度末手当は、教職員の勤務成績に応じて支給されるものであり、この勤務成績は、一定の期間において……労働契約上の義務と職責を果たした程度として把握されると考えられるところ、……控訴人と専任教員とでは担当授業時間数や専攻分野における研究活動についての労働契約上の義務に相違があることに加え、専任教員においては、控訴人と異なり、大学の運営に関する各種の業務を行う義務を負い、これに伴う責任があることなど、……原判決に説示するような労働契約上の義務と職責における相違があることに照らせば、控訴人に賞与及び年度末手当が支給されないことが不合理とはいえない」。

ただ、担当授業時間数や研究活動について相違があるといっても、**第一八話**でみたように、あくまで労働契約上の義務の相違にとどまり、それ以上のものではなかった。

専任教員より担当授業時間数が多く、旺盛な研究活動を行っている非常勤講師も、実際には希ではない。裁判になれば、専任教員と非常勤講師との間には、職務の内容に大きな違いがあると、未来永劫にわたって判断してもらえる。そのように考えているとすれば、期待過多というほかあるまい。

「短時間労働者及び有期雇用労働者の雇用管理の改善等に関する法律」（パート・有期雇用労働法）がすべての企業を対象として施行された今、同法十五条一項を根拠として定められた「短時間・有期雇用労働者及び派遣労働者に対する不合理な待遇の禁止等に関する指針」（いわゆる同一労働同一賃金ガイドライン）が、次のように述べていることにも留意する必要がある。

「通常の労働者と短時間・有期雇用労働者との間に基本給、賞与、各種手当等の賃金に相違がある場合において、その要因として通常の労働者と短時間・有期雇用労働者の賃金の決定基準・ルールの相違があるときは、『通常の労働者と短時間・有期雇用労働者との間で将来の役割期待が異なるため、賃金の決定基準・ルールが異なる』等の主観的又は抽象的な説明では足りず、賃金の決定基準・ルールの相違は、通常の労働者と短時間・有期雇用労働者の職務の内容、当該職務の内容及び配置の変更の範囲その他の事情のうち、当該待遇の性質及び当該待遇を行う目的に照らして適切と認められるものの客観的及び具体的な実態に照らして、不合理と認められるものであってはならない」。

だからといって、非常勤講師について年功的な職能給制度を採用することはリアリティに著しく欠け、およそ考えにくい。

担当授業のコマ数で給与額が決まる職務給制度（一コマ九〇分の授業に対して二時間分の給与を支払うことも、大学教員の世界では半ば慣行化している）以外に、非常勤講師にフィットする制度はおそらくない。

本務校のある非常勤講師と、本務校のない専業的非常勤講師との間で給与制度を統一しようとすれば、自然とこのような職務給制度に落ち着く。

そもそも、大学の非常勤講師は、一般の民間企業における契約社員やパート従業員とはその性格が異なる。労働基準法上の労働者か否かという論点（拙著『法人職員・公務員のための労働法72話』(ジアース教育新社、平成二十七年)三〇八―三一〇頁を参照)は措くとしても、労契法やパート・有期雇用労働法の規定を非常勤講師にストレートに適用することには、少なからず疑問がある。

労契法十八条に定める無期転換規定は、その最たるものである(判例が認めてきた地位の臨時性を理由とする。前掲・拙著『法人職員・公務員のための労働法72話』一九〇―一九二頁のほか、『法人職員・公務員のための労働法　判例編』(ジアース教育新社、平成三十年)四五―五〇頁を参照)が、労契法二十条を吸収したパート・有期雇用労働法八条についても、大学教員への適用除外が真剣に検討されてよい。

無理な事実認定をこれ以上続けられないとすれば、適用除外以外に選択肢はない。こう覚悟を決めるべきであろう。

(令和三年五月十日)

第二〇話　判例を読み解く（13）――大学の事件簿③

非常勤講師と準委任契約

雇用か準委任か。非常勤講師と大学が締結する契約については、そのいずれに該当するかが問題となる。

準委任とは「法律行為でない事務の委託」をいい、民法六百五十六条は「この節の規定（注：第三編第二章第十節に定める「委任」の規定）は、法律行為でない事務の委託について準用する」と規定する。

雇用が「労働に従事すること」自体を目的とし、「使用者が労働者に対し指揮命令をしうること（労働者の従属性）」を特徴とするのに対し、「委任は、受任者の裁量のもとに委任者の事務を処理することを目的」とする（以上、引用は、中田裕康著『契約法』（有斐閣、平成二十九年）四八七頁による）。

この通説的理解に従えば、自己の裁量のもとに授業を行う（法律行為でない事務を処理する）非常勤講師については、大学との契約関係を準委任に該当するものとして解釈することが可能ということになる。

確かに、高校の非常勤講師とかかわる事件において、以下のように述べる判例（**東筑紫学園事件＝昭和五十八年五月二十四日福岡地裁小倉支部判決**）はある。

「原、被告間の右委嘱の性質について、原告は労働契約であると主張するのに対し、被告は民法上の準委任契約であると抗争するところ、被告が労働基準法八条（注：現在の別表第一）十二号所定の教育事業を行うものであることは前認定のとおりであり、〈証拠〉によれば、原告は、毎週、被告から定められた日に、定められた時間数学の授業を担当してきたものであること及び出勤簿への捺印等を義務付けられていたことが認められるところからすれば、少なくとも、原告は、授業の時間等被告の業務を遂行している間、その指揮監督下に置かれていたといわなければならず、また、原告が被告から賃金の支払を受けていたことは、当事者間に争いがないのであるから、右諸事情に照らせば、原告が同法九条にいう労働者に該当することは明らかであり、原被告間の委嘱の性質は、同法第二章に定める労働契約というべきである」。

しかしながら、本件の場合、「原告が、常勤の教員と同様週一八時間の授業を担当していたこと」や「毎日出勤で賃金が一定している」という必須条件を満たしていたため、「原告が共済組合への加入を認められ、加入していたこと」といった、本件固有の事実にも留意する必要がある。

仮にこのような事情がなければ、本件契約が準委任契約であるとする被告の主張をかくも簡単に斥けることはできなかった。そう考えて、おそらく間違いはない（なお、本件の場合、一方で期間満了を理由とする雇止めもあっさりと認められている。そんな原告敗訴の事件でもあった）。

右の判決からおよそ二年半が経過した昭和六十年十二月、労働基準法研究会（会長＝石川吉右衛門東京大学名誉教授）は、労働大臣に宛て、労働契約問題等に関する一連の報告を行う。

その一つに「労働基準法の『労働者』の判断基準について」と題する報告があり、そこでは、次のような注目すべき指摘が行われている（以下、番号は筆者による）。

① 勤務場所及び勤務時間が指定され、管理されていることは、一般的には、指揮監督関係の基本的な要素である。しかしながら、業務の性質上（例えば、演奏）、安全を確保する必要上（例えば、建設）等から必然的に勤務場所及び勤務時間が指定される場合があり、当該指定が業務の性質等によるものか、業務の遂行を指揮命令する必要によるものかを見極める必要がある。

② （傭車運転手に関する具体的事案）運送物品、運送先及び納入時刻の指定は、運送という業務の性格上当然であり、これらが指定されていることは業務遂行上の指揮監督の有無に関係するものではない。

運送経路、出発時刻の管理、運送方法の指示等がなされ、運送業務の遂行が「使用者」の管理下で行われていると認められる場合には、業務遂行上の指揮命令を受けているものと考えられ、指揮監督関係の存在を肯定する重要な要素となる。

そして、こうした考え方は、やがて最高裁の認めるところともなる。**横浜南労基署長（旭紙業）事件＝平成八年十一月二十八日第一小法廷判決**がそれである。

本件は、「⑴ＹのＸに対する業務の遂行に関する指示は、原則として、運送物品、運送先及び納入時刻に限られ、運転経路、出発時刻、運転方法等には及ばず、また、一回の運送業務を終えて次の運送業務の指示があるまでは、運送以外の別の仕事が指示されるということはなかった、⑵勤務時間については、Ｙの一般の従業員のように始業時刻及び終業時刻が定められていたわけではなく、当日の運送業務を終えた後は、翌日の最初の運送業務の指示を受け、その荷積みを終えたならば帰宅することができ、翌日は出社することなく、直接最初の運送先に対する運送業務を行うこととされていた」といった事実が認定された事件であったが、判決は次のようにいう。

「Ｙは、運送という業務の性質上当然に必要とされる運送物品、運送先及び納入時刻の指示をしていた以外には、Ｘの業務の遂行に関し、特段の指揮監督を行っていたとはいえず、時間的、場所的な拘束の程度も、一般の従業員と比較してはるかに緩やかであり、ＸがＹの指揮監督の下で労務を提供していたと評価するには足りないものといわざるを得ない」。

「そうであれば、Xは、専属的にYの製品の運送業務に携わっており、Yの運送係の指示を拒否する自由はなかったこと、毎日の始業時刻及び終業時刻は、右運送係の指示内容のいかんによって事実上決定されることになること……など原審が適法に確定したその余の事実関係を考慮しても、Xは、労働基準法上の労働者ということはできず、労働者災害補償保険法上の労働者にも該当しないものというべきである」。

なるほど、Xのような傭車運転手については、事業者としての一面（「トラックを所有し、自己の危険と計算の下に運送業務に従事」していること）があり、このことが判決の結論に影響を与えたことは否めない。

だが、時間的・場所的拘束が業務の性質によることや、拘束の程度が専任教員に比べ緩やかであることは、非常勤講師にも共通している。そして、次のように述べる**横浜南労基署長（旭紙業）事件の原判決（平成六年十一月二十四日東京高裁判決）**の論理は、事業者性の有無という点を除けば、その多くが非常勤講師にも当てはまる。

「車持ち込み運転手は、Yの企業組織に組み込まれ、Yから一定の指示を受け、場所的時間的にもある程度拘束があり、報酬も、業務の履行に対し払われ、毎月さほど大きな差のない額が支払われていたことなどから、労働者としての側面を有するといえるが、他面、車持ち込み運転手に対するYの指示等は一般の従業員に対する指揮監督に較べて範囲は狭く、内容的にも弱いものとみられるし、場所的時間的拘束も一般の従業員よりは弱く、また報酬も出来高払いであって、これに、業務用器材を所有して業務の遂行につき危険を負担し、自らも、従業員ではないとの認識をするなどといった、いわゆる専属的下請業者に近いとみられる側面があることも否定できないのであって、労基法上の典型的な労働者と異なることは明らかである」。

それゆえ、労働契約か準委任契約かの選択を迫られた場合には、裁判官も判断に迷う。不法行為に基づく損害賠償請求を認める前提として、最終的には非常勤講師（予備校）の労働者性を肯定する方向で落着したとはいえ、**河合塾事件＝平成二十一年五月十九日福岡高裁判決**は、その好例といえる（詳しくは、**第二一話**を参照。なお、最高裁（**平成二十二年四月二十七日第三小法廷判決**）は、契約問題には深入りせず、不法行為の成立そのものを否定することにより、原判決を破棄した）。

物事は、およそ単純明快には決まらない。それが世の中というものであろう。

（令和三年五月二十四日）

第二一話　判例を読み解く（14）——大学の事件簿④

非常勤講師と準委任契約　続

労働基準法（労基法）の適用を受ける労働者か否か。民法にいう雇用契約か準委任契約か。非常勤講師の場合にも、このような問題は、本来、客観的に決まる。

しかし、たとえ労働者性（雇用契約＝労働契約であること）を認めたとしても、それとは別の理由から原告の請求を棄却できるような場合には、裁判所による労働者性の判断も自然と甘くなる。

第二〇話で言及した**東筑紫学園事件＝昭和五十八年五月二十四日福岡地裁小倉支部判決**も、そんな見方のできる事件（ただし、事案自体は労働者性が明確なケース）であったが、仮処分事件である**旭川大学事件＝昭和五十三年十二月二十六日旭川地裁判決**は、その典型といってもよい。

つまり、「本件［嘱託専任講師］契約において、債権者の義務は、旭川大学に一週に二日間（年間通じて約六〇日間）出講し、特定の講義を行うことに尽きるものであって、その余の時間は、債務者の指揮命令から一切解放され、何ら拘束を受けないもので、いわゆる使用従属関係にないのであるから、本件契約は、実質的には委任に近い類型の契約であり、労働基準法の適用を受けないものである」との債務者の答弁に対し、判決は、次のようにしてこれを一蹴する。

「債務者が、労働基準法第八条（注：現在の別表第一）第一二号所定の教育及び研究の事業を行う者であることは明らかであるところ、……、債権者は、毎週、債務者から定められた日に、定められた時間講義を担当してきたものであること及び出勤簿への捺印等も義務付けられていたことが認められ、右事実によれば、少なくとも、債権者は、講義の時間等債務者の義務を遂行している間、その指揮監督下に置かれており、したがって、債務者に使用されていたものというべく、また、債権者が債務者から賃金の支払を受けていたことは、……当事者間に争いがないから、債権者が、同法第九条にいう労働者に該当することは明らかである。したがって、本件契約は、同法第二章に定める労働契約というべきである」。

出講日数や授業時間数は、問題ではない。右の判示部分だけを読むと、そう読めなくもないが、本件の主たる争点は、担当科目の不開講に伴う解雇の有効・無効にあり、「債権者が債務者の教員たる地位を有することを仮に定める」との申立は、開講科目決定における大学の裁量を重視すること等によって、ほぼストレートに裁判所によって否定されている

（高裁（**昭和五十六年七月十六日札幌高裁判決**）も、認定事実を追加しただけで、仮処分申請を却下した原判決を維持）。

判決の結論が逆であれば、これほど簡単に労働者性が認められることもなかった。こういって、間違いはあるまい。

また、**第二〇話**で取り上げた**河合塾事件＝平成二十二年四月二十七日最高裁第三小法廷判決**では、上告受理申立人である河合塾が「申立人には非常勤講師が全国で一〇二四名（略）存し、また他予備校においても、その殆どが非常勤講師との契約を請負ないし準委任契約とし、その契約締結にあたっては、概ね申立人と同様の仕方を行っている」等として、本件出講契約が労働契約であるとの原審における判定の見直しを強く求めるものとなったものの、最高裁がこれに応答することは、ついになかった。

不法行為（コマ数の削減等）に基づく損害賠償（慰謝料）請求が認められるか否かが本件における主な争点であり、当該請求を認めないという結論を得るために、本件出講契約の法的性格まで論じる必要はない。最高裁は、原判決（**平成二十一年五月十九日福岡高裁判決**）を破棄するに当たって、このように判断したと考えて差支えはない。

ただ、本件の場合、高裁が一方で、非常勤講師には、専任講師とは異なり、他の予備校等の講師を兼任することができるという利点（講師の掛け持ちを通じて、より待遇のよい別の予備校へと渡り歩くことも可能になる）があり、「被控訴人が非常勤講師との間で締結する単年度毎の出講契約を一律に労働契約であると認めることはできない」としていた（なお、長期間の勤続等を通して「被控訴人とその非常勤講師としての控訴人との法律関係は、被控訴人と専任講師とのそれと著しく近似する実情にある」として、最終的には「両者間の法律関係は労働契約に基づくものと認めるのが相当である」とした）ことにも留意する必要がある。

次のような事実に照らし、「本件出講契約は、労働契約であると認めるのが相当である」と言い切ったのは、むしろ「原告の請求をいずれも棄却する」とした地裁（**平成二十年五月十五日福岡地裁判決**）のほうだったのである。

すなわち、「被告は、講師に対する留意事項等を定めた『講師ガイドブック』の中で、出講に関する留意事項として『各講ごとに学習範囲が定められています』『各講で指定された範囲を必ず終了してください』『講義は指定された教材によりカリキュラムに則って進めてください。補充プリントは原則として使用しないでください』等と定めており、原告が講義をするに当たっての裁量は相当程度限定され、業務遂行上の指揮命令関係が一定程度存する」といった事実がそれである。

なお、右のような事実が存在する場合には、勤務先のいかんを問わず、非常勤講師の契約関係が「準委任契約に近い性質を有している」ということは難しい（外国語専門学校を被告とする、**学校法人文際学園事件＝平成三十年十一月二日東京地裁判決**を参照）。大学もまた、その例外ではないといえよう。

補　疑問符の付く事務連絡

令和三年四月八日、各国公私立大学担当部局に宛て、「大学が請負契約等を締結した者を活用して授業を実施する場合の留意点について（周知）」と題する事務連絡が、文部科学省高等教育局大学振興課名で発出される。なかでも注目を集めたのは、事務連絡が次のように述べる部分であった。

「大学の職員（教員を含む。）とは、学長の指揮命令権の下で大学の校務に従事する者であると解しており、請負契約等により大学の校務の一部を請け負った事業者に雇用されて当該校務に従事する者や、請負契約等により大学の校務の一部を請け負った個人事業主については、学長の指揮命令権の下で当該校務に従事する者ではないため、職員には当たらず、したがって、学校教育法上授業担当教員となることができると解される講師（非常勤も含む）として発令することはできない。そのため、そのような者に対して、『非常勤講師』等学校教育法上授業担当教員となることができると解される職名と同一の呼称を用いることは、学生等の誤解を生む恐れがあることから適切な呼称を用いること」。

請負契約等によって授業を担当させる場合には、講師（非常勤講師を含む）という呼称を使用してはならない。もしそれができないというのであれば、その者を直接雇用せよ。

ありていにいえば、事務連絡は、こういっているのである。

しかし、非常勤講師の多くは、自己の裁量のもと、大学の具体的な指揮命令を受けずに授業を行っている（担当科目によって、統一した教材が用いられることはあっても、実際にどう教えるかは、担当者の裁量に委ねられている）。それが実態であるとすれば、非常勤講師と大学との関係は、労働契約ではなく、準委任契約（請負契約との違いは、ここでは論じない）の関係として、これを理解するのが妥当ということになる。

そして、このような契約の性格は、たとえ双方の間で雇用契約という名称の契約を締結したとしても、変わることはない。つまり、契約の性格は、あくまで客観的に決まるのであって、契約の形式や外形によって決まるのではないのである。

思うに、今回の事務連絡は、この肝心要な点を誤解しているのではないか。それが筆者の正直な感想であった。

（令和三年六月十四日）

第二二話　判例を読み解く（15）——大学の事件簿⑤

誠実交渉命令と取消判決

県労委命令を地裁が取り消し、高裁がその判断を維持する。**国立大学法人山形大学事件（平成三十一年一月十五日山形県労委命令、令和二年五月二十六日山形地裁判決、同三年三月二十三日仙台高裁判決）**は、このような道程をたどる。

こう書くと、何の変哲もない事件（ただ、労委命令が取消訴訟で覆ることは、それほど多くない）にみえるが、命令も判決も尋常なものではなかった。

例えば、**県労委命令**の主文第一項は、次のようにいう。

記

一　被申立人は、申立人との間の下記に係る団体交渉について、どの程度昇給を抑制し、どの程度賃金を引き下げる必要があるのかに関する適切な財務情報や将来予測資料を提示するなどして、自らの主張に固執することなく、誠実に応じなければならない。

（1）平成二十七年一月一日からの五五歳超の教職員の昇給抑制

（２）平成二十七年四月一日からの給与制度の見直しによる賃金引下げ
運営費交付金は減る一方だし、大学の自由にならない財務状況をどう示せというのか。おまけに、五五歳の昇給停止（抑制）時期が一年ズレている。国立大学法人の実情を知るベテランの人事労務担当者であれば、そんな感想をいだくに違いない。

県労委命令の主文第二項は、「申立人のその余の申立てを棄却する」というものであったが、実際には謝罪文の手交と掲示＝いわゆるポスト・ノーティスの必要を認めなかったというにすぎなかった。

では、山形県労委は、被申立人に対して、具体的にどのような行動をとることを求めたのか。例えば、右の（１）に関連して、命令は次のように述べる。

大学が組合に提示した資料からは、「五五歳超の教職員の昇給抑制を実施しなかった場合に、大学の財政にどのような影響を与えるのか、将来の財政予測上も大学の財政が耐えられない見通しであるのか、昇給抑制年齢を五五歳よりも遅らせた場合に大学の財政が破綻するおそれがあるのかどうかなどといった点に関し、大学の財政への影響額に係る情報を読みとることは困難といわざるを得」ない。

「そもそも、昇給抑制の程度の合理性について、十分な説明をするためには、当該抑制制度を何通りかに変化させたシミュレーションを行い、それらを比較することによって初めて、過不足のない抑制制度が判明するはずであるから、そのような作業を行うことが大学には求められているというべきである」。

「大学の年間予算規模に相当する、少なくとも年商規模四〇〇億円の事業会社であれば、組合側からの具体的な要求がなくとも、使用者側から進んで相応の財務情報や将来予測資料を提示し、組合の理解を求めるのが通常と思われ、こうした誠実な対応こそが使用者に求められる交渉態度であろう」。

「大学は、組合に対し、激変緩和措置として、五五歳超の昇給抑制の実施を一年遅らせ平成二十七年一月一日からとする措置を提案し、実施することとしたが、当該措置は、…… …国家公務員の昇給抑制の実施が平成二十六年一月一日からであることに鑑みると、組合に対する一定の譲歩と評価できなくもない。

しかし、大学は、組合に対し、上記昇給抑制の実施を遅らせた期間が、なぜ一年なのか、又は、なぜ一年でしかなかったのかといった点についての説明をしておらず、そうすると、大学は、上記昇給抑制の実施時期について、組合に説明することなく、自らの立場に固執しているということに帰着するから、上記激変緩和措置によって、……大学の交渉態度が頑なであったとの結論が左右されることはない」。

（2）についても、命令は「賃金引下げの程度の合理性について、十分な説明をするためには、当該引下率を何通りかに変化させたシミュレーションを行い、それらを比較することによって初めて、過不足のない引下率が判明するはずであるから、そのような作業を行わないのは不誠実であるというべきである」というが、現実を無視した机上のシミュレーションを繰り返すことに、意味があるとは到底思えない。

確かに、運営費交付金は、渡し切りの交付金であって、その使途が前もって決められているというわけではない。運営費交付金の額がたとえ減ったとしても、物件費（教育研究費）を犠牲にして、人件費を確保するというシナリオはあり得る。

とはいえ、教育研究費を減らしてもやっていけるのであれば、運営費交付金はさらに減らしても構わない。運営費交付金を出す側は、そのように考えるのではないか。

労働委員会に国立大学法人の現状に関する理解がもう少しあれば、命令の結論は違っていた。少なくとも先にみたような無理難題を押し付けるようなことはしなかった。筆者には、そう思えてならない。

ただ、**県労委命令**（正確には主文第一項）を取り消した**地裁判決**も**高裁判決**も、命令の適法性（裁量権の逸脱）に焦点を当てたものとなっており、大学の対応が労働組合法七条二号の不当労働行為（団交拒否）に当たるか否かの判断は行っていない。例えば、この点に関して、**高裁判決**は次のようにいう。

「本件各交渉事項に係る昇給抑制又は賃金引下げの実施から四年前後を経過した平成三十一年一月十五日（注：本件救済命令のあった日）の時点において、本件各交渉事項について被控訴人（注：国立大学法人山形大学）と補助参加人（注：山形大学職員組合）とが改めて団体交渉をしても、補助参加人にとって有意な合意を成立させることは事実上不可能であったと推認することができ、このような推認を覆すに足りる証拠はない。

そうすると、仮に、被控訴人と補助参加人との本件各交渉事項を巡る団体交渉において被控訴人に本件救済命令が指摘するような不当労働行為があったとしても、本件救済命令が、平成三十一年一月十五日の時点において、被控訴人に対し、本件各交渉事項について、補助参加人と更なる団体交渉をするように命じたことは、労働委員会規則三十三条一項六号の趣旨にも照らし、裁量権の範囲を逸脱したものといわざるを得ない」。

右にいう労働委員会規則三十三条一項六号は、「請求する救済の内容が、法令上又は事実上実現することが不可能であることが明らかなとき」を不当労働行為の救済申立ての却下事由として定めた規定であるが、本件の場合、申立てそれ自体は、（1）（2）の各案件とかかわる団体交渉（（1）については平成二十六年十二月十九日、（2）については最初の団交を平成二十六年九月十一日に実施）から一年以内（平成二十七年六月二十二日）に行われており（労働組合法二十七条二項を併せ参照）、命令までに時間を要したからといって、そのことだけを理由に、申立人が請求する救済内容の実現＝誠実交渉までが不可能になるとすることには大きな無理がある。

とはいうものの、「被控訴人は、自己収入のみでは事業を運営することはできず、役職員の人件費を含む事業運営に要する経費の約三割を国からの運営費交付金に依存せざるを得ない実情にあるところ、当時、国からの運営費交付金については、国の厳しい財政事情を踏まえ減額が続いており、また、被控訴人の役職員の退職金は国からの運営費交付金によって賄われていたところ、人事院勧告に準拠して給与水準を改定しなければ上記交付金と実際の退職金との間に差額が生じ、これを被控訴人が負担しなければならなくなることがあった」等の事実は、裁判所としても無視できなかった。

本件の場合、「大学は、組合に対し、国からの毎年度の運営費交付金の減額により、平成二十六年度及び平成二十七年度については、人件費がそれぞれ一億七〇〇〇万円程度不足すること」を交渉の場で述べていたという。

だとすれば、リーズニングはともかく、常識で考えて命令は取り消す以外にない。こう**地裁**や**高裁**は判断したのではなかろうか【なお、**令和四年三月十八日、最高裁第二小法廷**は、原判決を破棄し、団体交渉における被上告人の対応が誠実交渉義務に違反するものとして不当労働行為に該当するか否か等について更に審理を尽くさせるため、本件を原審に差し戻す旨の判決を言い渡した。その行方に注目したい】。

（令和三年六月二十八日）

第二三話　判例を読み解く（16）——大学の事件簿⑥

誠実交渉命令と取消判決　続

労働委員会の命令や裁判所の判決は、その後の労使関係にも影響を与える。**第二二話**で取り上げた**国立大学法人山形大学事件**も、例外ではなかった。

令和二年十二月四日、山形大学職員組合は「令和二年の人事院勧告を踏まえた今後の対応に関する交渉について」と題する文書を、学長に宛て提出。そこには、次のような要求事項が掲げられていた。

① ボーナス引き下げ直前の交渉は誠実に交渉しない団体交渉拒否とみなされ、不当労働行為に当たりますので、十二月のボーナスは従来通り支給することを求めます。

② 来年度の賃金について引き下げ提案を行うのであれば、交渉日程をご提案いただき、交渉までに以下の資料を示すことを求めます。

⑴ 引き下げた場合の影響額（全体と代表的な事例）

⑵ 引き下げなければ経営困難になるという財務の根拠（財務諸表上は経営破綻する状

況ではないと思われる）

例年八月上旬に行われる人事院勧告が新型コロナウイルス感染症の感染拡大に伴って、令和二年には十月七日にずれる。

令和二年の勧告は期末手当を〇・〇五か月分引き下げることを内容とするものであったが、給与法（一般職の職員の給与に関する法律）の一部改正法も、十一月二十七日に可決成立し、同月三十日には公布をみた。

令和二年十二月期のボーナスから引下げを行うためには、その基準日である十二月一日より前に給与規程等を改正する必要がある。改正給与法の公布が基準日の直前（十一月三十日）となることはこれまでにもあり（法人化後に限っても、平成十九年、二十一年、二十二年および三十年の四回あった）、今回だけが例外的に遅かったわけではない。

にもかかわらず、山形大学では、人事院勧告に準拠した令和二年十二月期における期末手当の引下げが見送られた。

このことは、先に見た学長宛文書の提出日が基準日を過ぎた十二月四日であったことからも窺われるが、同文書を添付した職員組合の公表文書（二〇二〇年度　第一回団体交渉〈報告その１〉、ネット公開）は、このことに関連して、二〇二一年（令和三年）一月二十五日開催の団体交渉における労使のやりとりが、次のようなものであったとしている（理事名は原文では実名）。

「初めに、K理事から『二〇二〇年人事院勧告を踏まえ文科省・総務省から適切に対応をするよう文書が来ている。しかし、給与改定が決定したのが十二月で手続きが間に合わなかったため今年度は改正せず、二〇二一年度の六月からとした。マイナス改定。予算がひっ迫しているからという理由ではなく、国の要請に基づき、これまでも人勧準拠してきたから引き下げ提案とする。』という説明がありました。

山大職組からは、『今年度引き下げなかったことは評価するが、コロナの影響で業務が多忙化。ほとんどの人の業務が増えている。オンライン授業の準備にこれまでの二倍掛かるという声も聴くがそれ以上の労力をかけている人もいるのではないか。これで給与が下げられては、現状と合わない。』と発言し、本日は提案内容を聞き置き、次回交渉を行うことを伝えました」。

学長宛文書にある来年度の賃金引下げ（②）が期末手当の引下げを意味することは、右のやりとりからも読み取れるが、人事院勧告が二か月遅れただけで「手続きが間に合わなかった」というのは理解に苦しむ。

月例給の改定が行われないことは、人事院の令和二年十月二十八日付け報告からも明らかであり、「給与改定が決定したのが十二月」という説明にも解せないものがある。

ただ、本件の場合、大学側の置かれた立場にも同情の余地はある。

職員組合の要求（学長宛文書②の⑴・⑵）は、明らかにこれに先行する労委命令（**平成**

三十一年一月十五日山形県労委命令）を念頭に置いたものであったし、要求提出以前に、当該命令を取り消した判決（**令和二年五月二十六日山形地裁判決**）も、あくまで不当労働行為の存在を仮定した上での取消判決にすぎなかった（なお、要求提出後に下された**令和三年三月二十三日仙台高裁判決**も、この点については変わらず）。

「大学の財政が耐えられない見通しであるのか」、「大学の財政が破綻するおそれがあるのか」を問題にする一方で、「賃金引下げの程度の合理性について、十分な説明をするためには、当該引下率を何通りかに変化させたシミュレーションを行い、それらを比較することによって初めて、過不足のない引下率が判明するはずであるから、そのような作業を行わないのは不誠実であるというべきである」とまで断言する。

第二二話でみたように、それが県労委命令の一貫した姿勢であり、地裁判決もその当否を正面から論じなかった以上、人勧に準拠したものとはいえ、賃金（期末手当）の引下げ提案には慎重にならざるを得なかった。おそらく、現実はそんなところであろう。

補　否定できない人勧準拠

「予算がひっ迫しているからという理由ではなく、国の要請に基づき、これまでも人勧準拠してきたから引き下げ提案とする」。思うに、大学側の主張の核心はこのＫ理事の説明にあった。

財務上の問題を理由とする提案でなければ、財務状況を示す資料を提供する義務も、大学にはない。ロジックとしては、きわめてシンプルでわかりやすい。そして、それが組合の要求（②の(2)）に対する回答（(1)については別途回答）にもなっている。

確かに、県労委命令は、次のように述べるものではあった。「本件において大学が準拠を主張する人事院勧告は、国家公務員法第三条第二項に基づく、指揮命令関係のない行政機関から他の行政機関に対して提示される参考意見にすぎず、法的な拘束力はないとされているものであること、及び、その対象は国家公務員に限定されていることからしても、その存在が国立大学法人の教職員の昇給抑制及び賃金引下げの少なくとも中心的な理由とはなり得ないというほかない。

あるいは、大学は、人事院勧告について、国立大学法人の教職員に対しても、事実上、強力な影響力ないし拘束力を持っていると主張するのかもしれないが、そうであるならば、その影響力ないし拘束力を丁寧に説明して組合の理解を求めるべきであるところ、そのような説明がなされたとは認められない。

国立大学法人の教職員の給与等の労働条件については、労使自治の原則の下で定められるべきものである」。

しかし、県労委の認定した事実によれば、本件組合は、組合員数三三四名（教職員数二八九八名、組織率一一・五％）の少数組合でしかない。教職員の大多数（八八・五％）を占める非組合員の存在は、そこでは完全に忘れられている。

他方、国立大学法人の場合、人件費の額は附属病院を除いても、学生納付金の二倍以上の額に達しており、これを国民の税金を原資とする運営費交付金が支える（全九〇法人で一兆円を超える運営費交付金の額は、人件費（病院を除く）の額にほぼ匹敵する）ものとなっている（以上、「国立大学法人等の令和元事業年度決算について」を参照。山形大学の状況については、大学が職員組合に提示した「国立大学法人山形大学職員給与規程等の一部改正について（案）」を参照）。

国民の税金（運営費交付金）を投入しなければ、確実に経営が破綻する。人勧準拠を否定することは、こうした国立大学法人の現状を無視することにもつながる。

将来的には、人勧準拠だけではやっていけない時代が来るとしても、現時点において、人勧準拠を頭から否定することはあまりにもリアリティに欠ける。その意味で、大学側の対応に誤りはなかったといえよう。


（令和三年七月十二日）

第二四話　判例を読み解く（17）——大学の事件簿⑦

プロジェクト業務と無期転換

労働契約法十八条は、いわゆる無期転換権の行使について、次のように規定する。

（有期労働契約の期間の定めのない労働契約への転換）

第十八条　同一の使用者との間で締結された二以上の有期労働契約（契約期間の始期の到来前のものを除く。以下この条において同じ。）の契約期間を通算した期間（略）が五年を超える労働者が、当該使用者に対し、現に締結している有期労働契約の契約期間が満了する日までの間に、当該満了する日の翌日から労務が提供される期間の定めのない労働契約の締結の申込みをしたときは、使用者は当該申込みを承諾したものとみなす。この場合において、当該申込みに係る期間の定めのない労働契約の内容である労働条件は、現に締結している有期労働契約の内容である労働条件（契約期間を除く。）と同一の労働条件（当該労働条件（契約期間を除く。）について別段の定めがある部分を除く。）とする。

２　略（クーリングに関する規定）

同条一項所定の期間内に、無期転換権が行使されたか否か。**高知県公立大学法人事件**の場合、この点において、**一審（令和二年三月十七日高知地裁判決）**と**二審（令和三年四月二日高松高裁判決）**の判断が分かれることになった。

本件は、文部科学省の補助事業として実施される災害看護学の専門家養成を目的としたプロジェクト（ＤＮＧＬプロジェクト）に従事するため被告に雇用され、三回にわたり契約を更新してきた原告が事業年度の終了する一年前（平成三十年三月三十一日）に雇止めされたという事件であったが、当該雇止めを無効とするという点においては、一審の判断は二審と共通していた。

すなわち、本件雇止めは、補助金交付額の大幅な減少やこれに伴う財政状況の悪化、ＤＮＧＬプロジェクトに係るシステム構築作業の完了などを理由とするものであるところ、整理解雇の場合に準じて判断を行うという点においても、一審と二審の間にさしたる違いはみられなかった。むしろ、本件の場合、雇止めを「正当化するほどの人員削減の必要性があったとは認められない」と言い切ったのは、無期転換権の行使を認めなかった高裁のほうだったのである。

ただ、「本件では、原告が、平成三十年四月一日から平成三十一年三月三十一日までの間に、被告に対し、無期労働契約の締結を明示して申し込んだ事実は認められない」としつつ、次のように判示したのは高裁ではなく、地裁のほうであった。

「しかしながら、原告が被告に対し明示的な申込みをしなかったのは本件雇止めを受けたためであること、原告は、平成三十年四月十三日、本件訴訟を提訴し、当審口頭弁論終結時まで一貫して、本件雇止めが［労働契約法］十九条によって無効であり同月一日から本件労働契約が更新されたことを理由として、被告に対し、現在も労働契約上の権利を有する地位にあることの確認及び同月から本判決確定までの賃金支払等を請求しており、さらに、同法十八条一項に基づき、本件労働契約が無期労働契約に転換した旨の主張もしていること（略）などを考慮すれば、遅くとも平成三十一年三月三十一日までの間に、原告が被告に対し同条同項に基づく無期労働契約締結の申込みの意思表示を行ったと認めるのが相当である。

そして、本件労働契約締結日は平成二十五年十一月一日であるところ、……平成三十一年三月三十一日までの通算契約期間は約五年五か月であると認められる」。

これに対して、高裁は、「第一審原告が無期転換申込権を行使したのは令和元年八月九日（注：同日付の準備書面）が最初」であったとし、「訴状で、第一審原告が主張するとおり、［本件雇止め］が違法無効［で］あれば、訴訟提起時点から無期転換申込権の行使が可能であった」とまでいう。

たとえ雇止めが違法無効であったとしても、有期労働契約が無期労働契約に変わるわけではない。

労働契約法十九条も、「使用者は、従前の有期労働契約の内容である労働条件と同一の労働条件で［労働者が行った当該契約更新の申込み］を承諾したものとみなす」と規定するにとどまる。

だとすれば、雇止めが労働契約法十八条一項による無期転換権の行使を意識したものといえる場合であっても、このことから直ちに雇止めを同条の潜脱を目的としたものと決めつけるべきではない。

高裁判決の背景には、法の潜脱論に対するこうした慎重な姿勢があったように思われる。他方、地裁判決は、労働契約法十八条一項が「適用される直前に雇止めをするという、法を潜脱するかのような雇止めを是認することはできない」とする立場から出発しており、このことが事実認定に多少とも影響を与えたことは否めない。

とはいうものの、訴訟代理人が「ミス」をせず、期間内に無期転換権を行使していれば、高裁判決の結論は違ったものとなっていた。先の引用部分は、このことを示唆していることも忘れてはなるまい。

終期が予め決まっているプロジェクト業務の場合、当該業務を遂行するために締結された労働契約も、終期の到来によって「自動的に」終了する。しかし、終期が到来する前に雇止めを行うことは、通常の有期労働契約の場合以上に難しくなる。終期までの雇用継続については合理的期待が認められると、多くの裁判官は考えるからである。

本件もその例外ではなく、高裁判決もプロジェクトが終了するまでの一年間について、賃金（地裁判決と異なり、住居手当を含む）および賞与の支払いを、第一審被告に対して求めるものとなった。その額、およそ六〇〇万円。判決はまだ確定していないとはいえ、それで済んだと考えるのが、あるいは正解かもしれない。

必要な有期雇用特措法の見直し

労働契約法十八条一項に定める、無期転換権の発生に係る「五年」超の通算契約期間を「十年」超と読み替える。

そのような労働契約法の特例を定めた規定の一つに、有期雇用特措法（専門的知識等を有する有期雇用労働者等に関する特別措置法）八条がある。

右の読替えの対象となるのは、定年後事業主に再雇用された有期雇用労働者を除けば、「専門的知識等を有する有期雇用労働者（事業主との間で締結された有期労働契約の契約期間に当該事業主から支払われると見込まれる賃金の額を一年間当たりの賃金の額に換算した額が厚生労働省令で定める額以上である者に限る。）であって、当該専門的知識等を必要とする業務（五年を超える一定の期間内に完了することが予定されているものに限る。以下「特定有期業務」という。）に就くもの（略）」に限られる（二条三項一号）。

また、そこにいう「厚生労働省令で定める額」は、「千七十五万円」とされており（有期雇用特措法施行規則一条）、その額は、労働時間規制の適用除外が認められる高度プロフェッショナル業務の場合と同額となっている（労働基準法四十一条の二第一項二号ロ、同法施行規則三十四条の二第六項）。

しかし、このような厳しい制約のある状況のもとでは、大半のプロジェクト業務がその対象外となる。

厚生労働省が令和三年三月二十四日に開催された第一回「多様化する労働契約のルールに関する検討会」に提出した資料6「無期転換ルールと多様な正社員の雇用ルール等に関する現状」によれば、有期雇用特措法が施行された平成二十七年度から令和元年度までの五年間における、特定有期業務が対象となる第一種計画の申請件数はわずかに二件。認定件数は一件を数えるものでしかない。

期間が五年を超えるプロジェクトであっても、安心して契約を更新できる。雇用の安定を真に実現するためにも、有期雇用特措法については、年収額の規制を大幅に緩和する等抜本的な見直しが必要といえよう。

（令和三年七月二十六日）

第二五話　判例を読み解く（18）——大学の事件簿⑧

昇任直後の休職と降任

ため息しか出ない。**国立大学法人滋賀医科大学事件＝令和三年三月二十九日大津地裁判決**を一読したときの、それが偽りのない感想であった。

「本件は、令和元年五月一日で被告が原告に対してした、原告を、被告の学生課大学院教育支援係長から会計課出納係主任とする降任の人事異動の発令（以下「本件降任」という。）は無効であるとして、原告が、被告に対し、原告が被告の係長の職位を有する地位にあることの確認を求める事案である」。

判決はこのようにいうが、事件はそれほど単純なものではなかった。

本件の場合、原告が係長に昇任したのは、平成三十年七月一日。翌八月十日には、心療内科を受診し、医師（主治医）から、うつ状態にあり二か月の休養が必要であるとの診断を受け、病気休暇を経て、病気休職となる。以後、休職期間は数度にわたる延長により、平成三十一年四月末日まで続く。

うつ状態を発症した原因については、職場環境による過度のプレッシャーによるものというのが主治医の診断であったが、平成三十一年三月二十二日にようやく実現した人事課長との面談（それまでは、体調不良を理由に原告が面談を断る）では「実母の看病のために福井県に土曜、日曜帰省していたことも要因の一つかもしれない」と原告本人が述べるなど、判然としない部分もある。

また、本件降任も、被告が一方的に原告に対して発令したものとはいい難いものがある。つまり、主治医の指示があったとして、学生課以外の部署への配置転換を繰り返し求めていたのはむしろ原告のほうであり、これを受け、面談に先立つメールのやりとりにおいても、人事課長は「学生課以外で復帰できるよう検討しているが、係長の職制のまま復帰することは困難である」としていた。

そして、当該面談では、原告が「配置転換後の部署として医学科事務の部署を希望」したのに対して、「人事課長は検討する旨述べたが、併せて同科への異動の場合降任を伴う旨も述べた上で、原告に対し、主任への降任を了承してもらうことをお願いしたのに対し、原告は明確な意思表示をしなかった」という事実が認定されている。

しかし、面談の二日後、平成三十一年三月二十四日には、「降任を自ら希望することはやはり不本意であり、今一度慎重に考えていきたい」旨のメールを、原告が送信。さらに、同年四月十日に行われた人事課長との再度の面談においては、原告が「うつ状態となった原因に関し、業務が嫌でなかった、不安はなかったと述べた」のに対し、人事課長が「復帰後のポストとして、現職で復帰するか、配置転換を行う場合の転換後の部署として会計課主任のポストを提示」する、という経緯をたどることになった。

その後、平成三十一年四月十五日に、原告は、人事課長に対して、提示されたポストについては「お断りする」旨のメールを送信する一方で「令和元年五月一日から復職が可能であるが、復職に際しては現職以外で、また管理棟の職務以外での復帰が望ましい旨の診断書」を提出し、ここに双方の〃話合い〃は、最終的に決裂をみるに至った。

なお、本件降任は、降格（下位の職務の級への変更）を伴うものではなく、降任の前後で、号俸にも変動はみられなかった（降号を伴うものでもなかった）という。

にもかかわらず、判決は原告の全面勝訴、すなわち被告の全面敗訴を結論とするものとなる。判決主文に曰く。

一　原告が、被告において、係長の職位を有する地位にあることを確認する。

二　訴訟費用は被告の負担とする。

では、大津地裁がこのように判断した理由とは何か。それを次にみてみよう。

判決はいう。「原告は、係長としての勤務評定期間である平成三十年七月以降から平成三十一年三月末日までのうち一月余りしか勤務していないことが認められる」ものの、「平成三十年八月十日以降の休職は病気休職によるものであるから、勤務実績自体がなかったと評価することは格別、勤務しながら職務を行わなかった場合と直ちに同視して、勤務実績が不良であったとすることはできない」と。

他方、判決は「人事課長は、平成三十一年四月十日の面談時において、会計課主任への降《（ママ）》格のほか、現職での係長での復帰との点を提示していたことも併せ踏まえれば、被告による勤務評定において『やや良好でない』と評価すること自体が裁量権の範囲内であるとしても、これを降任事由の一事情とすることは相当ではない」とも述べる。

さらに、判決は「降任処分があった場合には、再度昇任試験を受ける必要があることが認められるから、本件降任前後で原告の号俸に変動がないこと（略）を前提としても、不利益処分であることを免れることはできない」とした上で、本件降任後原告が配属された会計課においては、令和元年五月一日から同年九月三十日までの間、出納係長のポストが空いていた等の事実に言及し、「本件降任に関して、降任事由を基礎づける主張があったとはいえない」とする。

まるで公務員関係の事件をみているような錯覚さえ覚えるが、以下のように定める就業規則の降任規定を含め、被告が公務員時代の法令に準拠した定めを学内規程に設けていたことも、その背景にはあった。

（降任）
第十二条　教職員が次の一に該当する場合には、降任することができる。

一　勤務実績がよくない場合
二　心身の故障のため職務の遂行に支障があり、又はこれに堪えない場合
三　その他、必要な適正《（ママ）》を欠く場合
２　略

できないことは約束しない。本件の場合、被告がこの鉄則に従わなかったこと（以上のほか、就業規則十二条一項二号に関連して、被告が人事院規則一一―四（職員の身分保障）七条三項の規定に倣い、医師二名による診断を経ることを、任免規程で降任の要件として定めていたことを含む）が敗因の一つとなったことは疑う余地がなかった。

補　条件附昇任期間

国家公務員法五十九条は、現在、次のように規定している。

（条件附任用期間）
第五十九条　一般職に属するすべての官職に対する職員の採用又は昇任は、すべて条件附のものとし、その職員が、その官職において六月を下らない期間を勤務し、その間その職務を良好な成績で遂行したときに、正式のものとなるものとする。
②　略

本条については、もともと昭和二十九年の法改正により「（条件附採用期間）」と見出し

を改め、「同条第一項中『又は昇任』を削る」との改正が行われるはずであったが、実情に合わないことを理由とする同趣旨の法改正は、地方公務員法二十二条一項についてのみ実現することとなり（同年六月二十二日施行）、今日に至っている（令和三年六月十一日に法律第六十一号として公布された「国家公務員法等の一部を改正する法律」（令和五年四月一日施行）においても、この点に関しては見直しが行われなかった）。

それゆえ、同条の実効性にはいささか疑問符が付くとはいうものの、昇任後の「官職において六月を下らない期間を勤務し、その間その職務を良好な成績で遂行したときに、正式のものとなる」との規定が、現に存在していることに変わりはない。

本件被告の就業規則には、同旨の規定はなかったようであるが、「やや良好でない」との評価（判決も、勤務評定において「やや良好でない」と評価すること自体は裁量権の範囲内であることを否定していない）では「良好な成績」とはいえず、昇任は正式のものとはならない。

それは国家公務員法の話と割り切ってよいのか。そうした疑問は確かにあろう。

（令和三年八月九日）

第二六話　判例を読み解く（19）——大学の事件簿⑨

大学教員と適応障害

身から出た錆。英語では *Reap what one sows.* という。このように、自身が播いた種は自らが刈り取らなければならない。残酷なようではあるが、たとえそれが適応障害という病気による場合であっても、他人のせいにしてはならない。もう一度立ち直るためにも、このことが肝要なものとなる。

T大学の元准教授が原告となった、**奈良労基署長事件＝令和三年四月二十八日大阪地裁判決**を一読したときに筆者の脳裏に浮かんだのも、冒頭の六文字にほかならなかった。

例えば、本件の場合、平成二十二年十月六日に原告が署名押印した「事実確認書」には以下のような事実が「相違ない」ものとして記されている。

⑴　資料室所蔵の図書を紛失した件について、学部長および副学部長から平成二十年七月二日に事情聴取を受け、原告が同図書を無断で持ち出していたことを認めたこと。

⑵　留学中の平成二十年十二月三日、教学支援課長を始めとする教職員に対して大学教員

として不適切な表現と内容のメールを繰り返し発信するという行為を行い、この件に関し、学部長からメールで注意を受けたこと。また、⑴の図書紛失の件について持出の事実を認めたのは本意でなく、学部長から要請されたからである旨の事実に反したメールを平成二十一年三月二日に学部長に送り、これ以外の諸問題について学部長のやり方を非難し責任を追及するメールを頻繁に送り続け、同年五月二十一日に学部長から逐一反駁するメールを送られた後、同月二十三日には全ての点について原告が自分の非を認め、学部長に対して謝罪するメールを送ったこと。さらに、これに対し、学部長からは同月二十五日、今後は原告の言動を見守りながら最終的に措置を決める旨のメールを受け取ったこと。

⑶　学生たちが原告の留学前の講義に関して不満を訴えていた件に関し、平成二十一年九月十六日、学部長と副学部長から事情聴取を受け、学生からの抗議の主要な二点、すなわち①講義中に講義と無関係な雑談が長々となされ、本来の講義が十分になされていないという点、②その雑談の内容には大学教員が教室で学生に向かって話すには不適切なものがあったという点につき、原告は、長時間逐次釈明し続けたが、学部長と副学部長の質疑を受け、最終的にこの二点については学生たちの言い分を認め謝罪したこと。また、この件につき、原告は、同月十七日、学部長から文書による注意処分を受け、同月二十四日、誓約書と授業改善計画書を提出したこと。

(4)　学部長による(3)の注意処分に関して、教務委員長に対し、平成二十二年一月十八日、「いやがらせ的なことは、やめていただけませんか」という表題のメールを送り、同月二十二日、「疑問の余地あり」という表題のメールを送り、教務委員会が学生に対して行った事情聴取についても手続上の問題があるとして異議を唱え、平成二十二年度の担当講義の時間割決定に付いても問題があると不服を申し立てて、教務委員長の対応を批判したが、同年二月十七日に開催された拡大教務委員会において、教務委員長の説明を受けた後、全面的に自分の認識に非のあったことを認め、全ての異議を撤回して謝罪したこと。

(5)　平成二十二年六月十六日の拡大教務委員会の席上、学生からの嘆願書における言い分に反駁し、学生と原告の言い分の食い違いがその場では解きえないことが明らかになったため、同月二十二日の講義の冒頭で学生への説明会を開くという学部長の提案に同意したこと。また、学部長から提案のあった二つの解決策、すなわち、原告と学生の言い分のいずれが正しいかを判定するために、eラーニングシステムに残された講義記録を当該科目の履修登録者に公開すること、原告の講義に対する学生の不満が学期末に解消されているかどうかを知るために教務委員会の手になるアンケートを実施する事につき、同意したこと。そして、同月二十二日の学生説明会の場で学部長が上記二点を解決策として学生に告知したこと。このように、原告の講義について学生から不満が出たことにより、大学に少なからず迷惑をかけたこと。

原告が適応障害を発症したのは「事実確認書」への署名押印の直後、つまり平成二十二年十月下旬頃とされているが、そこで確認された事実は、後に原告が治療のため入院したG病院における次のような診断とも符合するものとなっている。

「欲求不満場面では、基本的には世間並みの常識的な適応の仕方ができるが、他者から非難されたり、叱責を受けるような場面では、自己の非を咎められたことに対する怒りの情緒が高まり、自分の責任を否認する傾向がみられる。そのような状況では、問題に対する反省や理解が得られにくいことが推測された」（性格検査（P―Fスタディ））。

ただ、そこに業務起因性を認めることには無理があった。すなわち、確認書に記された事実は「上司とのトラブルがあった」ことを示すものではあっても、心理的負荷の強度は「弱」ないしは「中」程度にとどまる。それが裁判所の判断であった。

なお、その後、原告は休職に付され、復職が認められず、平成二十七年二月十四日には休職期間の満了とともに、退職扱いとなる。その結果、再び適応障害を発症した原告は、この適応障害もまた業務上の事由によるものと主張したものの、裁判所の認めるところとはならなかった（先の適応障害と同様、療養補償給付等を支給しないとした、労基署長の処分を適法とする）。

原告には、「精神疾患を発症しやすい素因ないし性格傾向がある」。そうした判断が判決の結論を左右したともいえるが、素因や傾向も永久不変のものではない。ストレス耐性を少しでも強めていく。原告が今一度立ち直るためには、それしかない。他人が無責任に介入すべきではない領域とはいえ、筆者にはそう思えてならない。

大学教員の復職判断

授業がきちんとできるかどうか。大学教員の場合、このことが病気休職の期間満了に当たって復職可能か否かを判断する際のキー・ポイントとなる。

休職期間中の職場復帰支援プログラムの一環として模擬授業を行う。**奈良労基署長事件**における原告が所属していたT大学においても、こうした措置が講じられた（合計一六回の模擬授業を平成二十六年十一月二十一日から翌二十七年一月二十日にかけて実施）。

そして、①シラバスに沿って講義を進めていない、②各項目において通常説明しておくべき事柄の説明が不備である、③学部の通常の講義と同程度と認めることができない、④聴講した学生に対するアンケートの結果も、授業内容と方法について非常に不評であったといった模擬授業の評価が、復職を不可とする判断の決め手となった。

他方、T大学を設置・経営する法人の指定する医師が、就業規則の規定に基づき、平成二十七年一月三十日付けで「精神病像及び人格偏奇は認めず、うつ病も軽快している。精神作業能力も不足はない。精神科的には復職可能と判断します」との診断を行ったところ、精法人は同年二月四日、「大学教員（准教授）としての復職が可能か否か」を当該医師に照会。一月三十日付けの診断内容に関しては、「一般的な就労能力、すなわち普通作業についての就労能力についての判断であり、大学教員（准教授）としての就労能力、復職の可否、および適正《（ママ）》についての判断ではありません。それについて診察場面において判断することは困難である」旨の回答を得た。

　授業ができるか否かの判断は、このように教育とかかわる当事者（教員のほか、マストではないが学生を含む）でなければ、実際には難しい。大学教員の復職の可否を決定するに当たっては、このような点にも留意する必要があろう。

（令和三年八月二十三日）

第二七話　判例を読み解く（20）——大学の事件簿⑩

二股訴訟とその帰結

判決文から、仮処分事件の存在を知る。**第二六話**で取り上げた**奈良労基署長事件＝令和三年四月二十八日大阪地裁判決**も、その一つに数えられる。

判決によれば、平成二十七年二月十四日、三年の休職期間（注：休職発令は平成二十四年二月十五日）の満了とともに退職扱いとなった原告は、これに先行して、平成二十六年八月には、本件学校法人を債務者として、本件疾病は就労可能な状態にまで改善しており、同年四月以降の休職命令は無効である等と主張して、「労働契約上の権利に基づき就業している地位・状態にあることの確認《（ママ）》」および平成二十六年四月以降の賃金の仮払い（注：本件学校法人の場合、休職期間が二年を超えると無給となる）を求める地位保全等仮処分事件に係る申立てを奈良地裁に対して行っていたとされる。

そして、大阪地裁は、判決のなかで、この仮処分申立て事件につき、大要以下のように述べていた。

平成二十六年十月十六日、奈良地裁は、原告の本件疾病が同年三月時点で、本件大学の「教員としての債務の本旨履行ができる程度にまで回復したものとは認められないとして、これを却下する」旨決定。原告がこれに対して抗告したところ、同年十二月十八日、大阪高裁は「原告が職場復帰したとしても、教員としての職務を通常の程度に行うことが可能であると認めることはできず、現時点でも原告の休職事由が消滅したものとはいえないとして、同抗告を棄却する旨の決定をした」。

民事保全法を読めばわかるように、仮処分事件の場合、原告／被告とはいわず、債権者／債務者という。また、右にいう「抗告」とは、同法四十一条以下に定める保全抗告ではなく、保全命令の申立てを却下する裁判に対する即時抗告を指す（十九条を参照）。

一方、判決によれば、原告＝債権者は、仮処分の申立てと前後して、平成二十六年六月五日には、奈良労基署長に対し、上記疾病の「発症が業務上の事由によるものであるとして、療養補償給付（〔1〕平成二十二年十月二十七日から平成二十四年七月九日までの間の診療、〔2〕同日から平成二十六年三月十九日までの間の診療及び〔3〕平成二十五年十月三十日から平成二十六年三月二十六日までの間の薬剤に係る各療養の費用）及び休業補償給付（平成二十四年七月九日から平成二十六年三月三十一日までの間の休業補償）の支給を請求」していたともいう。

仮に地位保全が認められなくても、業務上の事由による休業ということになれば、「使用者は、労働者が業務上負傷し、又は疾病にかかり療養のために休業する期間……は、解雇してはならない」と定める労働基準法（労基法）十九条一項の規定によって、解雇＝退職扱いされることはない。

原告＝債権者には、そうした読みがあったように思われるが、病気の治癒を前提とする主張と、病気が治癒していないこと（療養のための休業の継続）を前提とする主張は、もとより両立しない。

原告＝債権者が求めていたのは、あくまで平成二十六年三月三十一日までの休業補償であって、同年四月一日以降は復職することを予定していた。あるいは、そんな見方も可能ではあろう。

だが、本件の場合、原告＝債権者は、退職扱いとなったことをきっかけに発症した適応障害についても、それが業務上の事由によるものであるとして、休業補償給付等の支給請求を行っている。労基法十九条一項の定めはその念頭になかったと考えるほうが、むしろ不自然といえよう。

奈良労基署長を処分行政庁とし、国を被告とする訴訟は、仮処分の申立てを行った奈良地裁ではなく、行政事件訴訟法十二条四項で定義する「特定管轄裁判所」である大阪地裁に提起する（こうした管轄裁判所の選択を可能にする行政事件訴訟法の仕組みについては、拙著『法人職員・公務員のための労働法72話』（ジアース教育新社、平成二十七年）二四八頁以下を参照)。

裁判所を変えれば、たとえその主張に矛盾があったとしても、問題にされない。そこまで考えた上での二股訴訟であったかどうかは不明というほかないとはいえ、世の中はそれほど甘くはなかった。

監督署も裁判所も、便利屋ではない。本件の場合、原告＝債権者の主張がこれらの場でことごとく斥けられたのは、ある意味で当然であった。

ある仮処分事件の結末

民事保全法は、二十三条二項で「仮の地位を定める仮処分命令は、争いがある権利関係について債権者に生ずる著しい損害又は急迫の危険を避けるためこれを必要とするときに発することができる」と規定する。

このことからも理解できるように、仮処分事件だからといって、本案訴訟よりハードルが低いわけでは必ずしもない。

他方、民事保全法は、十三条で「保全命令の申立ては、その趣旨並びに保全すべき権利又は権利関係及び保全の必要性を明らかにして、これをしなければならない」(一項)と定めるとともに、「保全すべき権利又は権利関係及び保全の必要性は、疎明しなければならない」(二項)と規定している。

したがって、保全命令の申立てに当たっては、被保全権利（保全すべき権利）と、保全の必要性の双方を疎明することが、債権者には求められることになる。

しかし、事案によっては、被保全権利に関する判断抜きに、保全の必要性がないことのみを理由として、申立てが却下されるケースもある。**近畿大学事件＝令和二年一月十七日大阪地裁決定**は、その典型といってもよい。

「本件は、債務者に雇用され、債務者の設置する大学で勤務していた債権者が、債務者が債権者に対してした解雇は無効であると主張して、雇用契約上の権利を有する地位にあることを仮に定めること及び賃金の仮払いを求める事案である」。

上記決定は、本件の概要をこのように説くが、解雇の有効・無効に関する判断はついに行われなかった。

そして、地位保全の必要性について「債権者は、債務者との間の雇用契約上の権利を有する地位にあることを仮に定めなければ、〔1〕図書館の利用が制限される、〔2〕著書の執筆の機会及び債務者が発行する紀要への投稿資格が失われ、研究成果を発表する機会を喪失する」といった主張を行ったのに対して、決定は「債権者が、平成二十九年四月一日〔以降〕約一年九か月の間に、債務者の図書館を利用したのは平成二十九年四月二十日の一日のみであったこと」、「債権者による著書の執筆は、直近が平成十二年発行のものであること、債権者による債務者の〔紀要〕への投稿は平成三十年七月のもののみであること」

といった事実が一応認められるとして、「債権者に回復し難い著しい損害が生じるとはいえない」と判断。賃金仮払いの必要性についても、「債権者に生ずる著しい損害又は急迫の危険を避けるため必要とすることについての疎明があるとはいえない」とした。

よって、「債権者の申立ては保全の必要性が認められないから、その余の点について検討するまでもなく却下する」。それが本件決定の結論であった。

なお、地位保全の必要性に関連して、債務者は、債権者が「平成三十一年度（令和元年度）の基礎ゼミを担当しないことを主張し、スト権を行使してまでも基礎ゼミの担当を拒否するという強硬な姿勢をとった」等と主張。こうした労務提供の拒否を理由として、「債権者は、債務者が保障すべき雇用契約上の権利又は利益を有しないといわざるを得ない」とも主張していた。

確かに、本件の場合、裁判所は右の主張には応答しておらず、債権者が主張した事実も裁判所がこれを事実として認定していない以上、実際にあったかどうかは定かではない（裁判では、裁判所が認定した事実のみが事実となる）。ただ、スト権の行使といえば、何でも許されるのか。そんな疑問が頭をかすめた事件ではあった【この点につき、**第三二話**を併せ参照】。

（令和三年九月十三日）

第二八話　判例を読み解く（21）——大学の事件簿⑪

アカハラとは何か

大学に固有のハラスメントといえば、アカデミック・ハラスメント（アカハラ）が念頭に浮かぶ。といっても、アカハラに明確な定義があるわけではない。

例えば、「大学におけるハラスメント対応の現状と課題に関する調査研究」を目的とした「大学教育改革の実態把握及び分析等に関する調査研究」と題する令和元年度文部科学省委託調査の報告書は、アカデミック・ハラスメントを次のように定義する。

「教育、研究の場における、立場、権力を利用して、不適切な言動・指導を行い、その指導等を受ける者に就学・教育・研究上又は就業・職務遂行上の不利益を与え、その環境を悪化させること。人格攻撃、指導の拒否、正当な理由のない教学上の不利益、研究妨害などが含まれる」との定義がそれであるが、抽象的にすぎるとの感は否めない。

それゆえ、いかなる行為をもってアカハラと認定するかは、各大学の裁量と判断に委ねられることになるとはいえ、次のような行為がこれに含まれることは、ほぼ異論をみないところであろう（大阪大学「ハラスメントのない大学を目指して」から引用。ただし、一部表現を改めている。なお、同大学の「アカデミック・ハラスメント及びパワー・ハラスメントに関するガイドライン参考資料」には、合計二七の例が示されている）。

○　正当な理由なく、研究・教育上の指導をしない。

○　正当な理由なく、文献・図書や研究機器類を使わせないことで、研究の遂行を妨害する。

○　プライベートな行動に付き合うことや、送り迎えを強要する。

○　正当な理由なく、就職活動を禁止する。

○　卒業・修了の判定基準を恣意的に変更して、故意に留年させる。

○　本人の望まない退職や、他の研究教育組織への不当な異動を強制する。

○　些細なミスを大声で叱責したり、あえて人前でなじったりする。

○　正当な理由なく、面談等直接的なコミュニケーションを拒否する。

○　特定の学生に対して指導を拒否したり、侮辱的言辞を与える。

他方、アカデミック・ハラスメントという表現から、これを諸外国の大学にも共通するグローバルな概念と考える向きもあろうが、パワー・ハラスメントと同様、アカデミック・ハラスメントも、基本的には和製英語の類でしかない（なお、パワハラについては、拙著『現場からみた労働法２――雇用社会の現状をどう読み解くか』（ジアース教育新社、令和二年）九九頁を参照）。

確かに、海外にも、アカデミック・ハラスメント（academic harassment）を「学生の働く能力や学習能力を妨げる敵対的、威嚇的または脅迫的な行為（offensive, hostile, or intimidating behavior which interferes with a student's ability to work or learn）」と定義し、紛争解決のための窓口を設けている、アメリカのミネソタ大学のような例はある。

しかし、ミネソタ大学が二〇一四年および一七年に実施した調査（Survey of UMN-TC Graduate and Professional Students）によれば、ハラスメント行為を行った者の約半数を同じ学生や研修医（Fellow Student/Resident）が占めるものとなっており、わが国でいうアカハラとは、その意味が違うことにも留意する必要がある。

先に引用した令和元年度文部科学省委託調査の報告書によると、わが国の大学における主なハラスメントには、セクハラ、アカハラ、パワハラのほか、九種類のハラスメント（①モラル・ハラスメント、②ジェンダー・ハラスメント、③マタニティ（パタニティ）・ハラスメント、④アルコール・ハラスメント、⑤エイジ・ハラスメント、⑥レイシャル・ハラスメント、⑦ソーシャルメディア・ハラスメント、⑧ケア・ハラスメント、⑨障害・ハラスメント）が含まれるというが、これではハラスメントと名の付くものは何であれするな、といっているのと変わらない。

何が犯罪であるかが明確でなければ、刑罰を科すことができないとの考え方は、ハラスメントを理由として懲戒処分を行う場合にも当てはまる。ただ、何がアカハラに該当するかは、常識というモノサシで判断する以外にない。これもまた事実ではあろう。

アカハラの成否

どのような行為がハラスメントに該当するのか。裁判官によって、その判断があまりにも異なることを痛感させられた事件の一つに、**学校法人W学園事件**がある。

本件は、一一件の懲戒事由に該当することを理由に学校法人を懲戒解雇された元教授が当該解雇を無効であるとして、労働契約上の地位確認等を請求した事件であったが、**一審（平成二十九年十月二十日東京地裁判決）**が請求の大半を認めたのに対して、**二審（平成三十一年一月二十三日東京高裁判決）**は、第一審原告の請求をいずれも棄却する旨判示し、逆転判決の典型といえるものとなった。

例えば、一審・二審で評価の分かれた懲戒事由に「講義中、学生らに対し、英語で『96』を『無いねセックス』と発音するよう指導し、学生らにその旨発音させ、その後も、数回にわたって、同様のことをした」というハラスメント行為がある。

一審判決に曰く。「原告は、英語の発音指導の題材として、『96』（ninety six）の発音を取上げたことはあったが、『96』（略）のみを取上げたものではなく、他の例も取り上げていること、『96』（略）を取上げた際に繰り返し発音させたことはあったとしても、それは発声練習として通常の指導であること、原告は数年に渡り『96』(略)の発音を取り上げた教材を使用しているが、それは原告のみならず学会でも同じようにその資料を使うことがあることが認められる。これらの事実によれば、講義において『96』(略)の発音を取り上げ、学生に何度か発音させることは、殊更に性的な意味はなく、授業として相当なものということができる」。

対するに、二審判決は次のように述べる。

「第一審原告が、教育上の必要もないのに、教材に英語の96の発音方法として『無いねセックス』という文言を記載し(略)、女子学生らに授業中に繰り返し『無いねセックス』と発声させたことは、セクハラであると同時に、アカハラでもあって、悪質である」。

「第一審原告は、英語の『i』が日本語の『エ』に近い発音になること、前後の音の関係で『t』の発音が脱落することがあることから、『ninety-six(カタカナでは通常「ナインティシックス」と表記される。)』が日本語の『ナイネセックス』に近い発音になることを教授する必要があったと主張する。しかしながら、『i』が『エ』になり、『t』が脱落するなら、『twenty(カタカナでは通常「トゥエンティ」と表記される。)』が日本語の『トゥエネ』に近い発音になることを、女子学生らに教授して発声させれば足りる」。「他にも、発声練習に適した単語や文章がいくらでもあることは、いうまでもない。それにもかかわらず、授業中に繰り返し女子学生らに『無いねセックス』と発声させていたことは、女子学生らに性的な言葉を発声させて楽しむという悪ふざけ以外のなにものでもない。女子学生らを一人の人格として尊重せずに、性的な対象としてみていたとしか考えられない」。

ちなみに、被告（控訴人）学校法人のハラスメント防止等規程は、セクシュアル・ハラスメントのほか、アカデミック・ハラスメントを「教員等の権威的又は優越的地位にある者が、その優位な立場や権限を利用し、又は逸脱して、その指導を受ける者に対して行った教育上不適切な言動、指導又は待遇をいう」と定義するものとなっている。

思うに、右にみた行為がセクハラにもアカハラにも該当しないということには、著しい無理がある（一審判決の論理は、屁理屈にしか聞こえない）。本件は、一口にいえば、そんな事件であった。

（令和三年九月二十七日）

第二九話　判例を読み解く（22）——大学の事件簿⑫

アカハラと停職処分

ハラスメントを行った者を処分するのか、しないのか。処分するとすれば、どのような処分で臨むのか。アカハラの場合、セクハラやパワハラ以上に、その判断が困難なものとなることは想像に難くない。

第二八話で取り上げた**学校法人W学園事件＝平成三十一年一月二十三日東京高裁判決**において、第一審原告が懲戒解雇の処分を受け、高裁判決がこれを有効と判断したのも、セクハラに相当する「余罪」が多数存在したからであった。

一件のセクハラ紛いのアカハラでは、さすがに懲戒解雇に処するには無理がある。そのようなケースでは、懲戒処分ではなく、注意や厳重注意等（公務員の世界でいう「矯正措置」）ですませる可能性も十分にある。

同事件の場合、懲戒解雇処分は、第一審被告の就業規則に定める「職員が就業規則その他学園の定める諸規定に違反したことが重大なものとみなされたとき」または「職員が職務上の義務に違反し又は故意に職務を怠ったとき」に該当するものとして行われたものであったが、就業規則には、❶戒告、❷減給、❸停職（七日以内の出勤停止、その間給与は支給しない）、および❹免職（本人の願出によらず免職とし、退職金は支給しない）の合計四種類の懲戒処分について、定めが置かれていたことが認定されている。

つまり、懲戒処分の量定として七日以内の出勤停止＝停職では不十分と解される場合には、懲戒解雇＝免職が唯一の選択肢となる。当該事件には、そうした背景があったことにも留意する必要があろう。

他方、国立大学法人の場合、後述するように、国家公務員の停職期間が「一日以上一年以下」とされていることもあって、相当長期にわたる停職期間が就業規則に定められる例も少なくない。

例えば、アカハラとかかわる典型的なケースといえる事件の一つに、**国立大学法人鳥取大学事件（一審：令和二年二月二十一日鳥取地裁判決、二審：令和二年八月三十一日広島高裁松江支部判決）**がある。同事件における被告（被控訴人）Ｙの就業規則は、停職について「始末書を提出させるほか、六か月以下の期間を定めて出勤を停止し、職務に従事させず、その間の給与は支給しない」と、これを定義していた。

本件は、Ｙの教授である原告（控訴人）Ｘが、①Ｘの指導する学生Ａが甲社に就職するための推薦書の作成をＸに依頼したところ、大学院の入試に合格することを推薦書作成の条件とし、面談やメールのやりとりにおいても大学院への進学を強く勧め、甲社への就職を結局断念させるに至ったこと、②XとAとの間で右のメールをやりとりする際、Aの同意を得ずに、CCに大学院博士課程の学生Bのアドレスを入れ、A・B間のトラブル（BによるAのいじめ）を誘発したこと等の行為がアカハラに該当するとして、Yにより停職一か月の懲戒処分に処せられた事件であったが、処分を有効とする一審と無効とする二審の間で、その判断が分かれた。

本件の場合、まず、Xの行為に対する評価が一審と二審では著しく相違していたことが指摘できる。

例えば、①について、一審が、本件推薦書をXが作成しなかった理由は「Aが就職することにより自己の研究テーマへの悪影響が生ずることを危惧し、自らの研究テーマをAに大学院で継続させることが目的であったものと認められる」としたのに対して、二審は、「甲社に就職するよりも大学院に進学して研究に従事し、大学院修了後に就職する方が、社会的意義が大きく、Aの志望にも沿う結果となるとの見解の下に、Aに対して、甲社に就職せず、大学院に進学するよう説得したものと認められる」とした。

また、②についても、一審が「研究室への出欠に関する情報を超えて、プライバシーに深く関わるものであり、研究指導を行う立場にあったとはいえ、大学院生にすぎず、守秘義務を負わないBに共有する必要性はなく、合理的理由は見出しがたい」としたのに対して、二審は、「Aの指導補助担当者であるBとの情報共有を図ったものであり、その動機が悪質であるとはいえない」とした上で、「本件CCメールの内容には、AのTOEICの成績、進路選択に関わる一身上の事情等の特に重大なプライバシーに関わる事実は含まれていない」等として、その態様も「悪質であるとはいえない」とする。

そして、こうしたXの行為に対する裁判所の評価の違いが、処分量定の判断つまり本件の場合、Yの懲戒処分等実施細則（標準例）の解釈・適用における判断の相違をもたらすことになった。

一審判決に曰く。標準例によれば、本件各非違行為は、いずれも減給を選択できるものであるところ、①は重大な非違行為であり、②も問題性の大きい行為であることに鑑みれば、「これら二つの行為を理由として懲戒処分をする場合に、減給より一段階重い処分である停職を選択することは許されるというべき」であり、「YがXの停職期間を短期の一か月としていることからすると、……本件懲戒処分が重きにすぎ、社会通念上の相当性を欠くということはできない」。

これに対して、二審判決はいう。本件の場合、標準例に掲げられた、①または②に類似すると認められる『勤務態度不良』、『個人の秘密情報の目的外収集』、『大学内の秩序・風紀のびん乱』について通常想定されるところと比較して、格別に重大な種類の懲戒処分が相当である」とまでは認め難く、①と②を併せて「総合考慮しても、Xについて、減給又は戒告よりも重い処分である停職を選択する合理性は認められない」。

ちなみに、本件の場合、処分時の標準例は行為時とは異なり、ハラスメント全体を対象として解雇や停職を認めるものに改正されていたが、これを行為時に遡って適用することは、一審も認めなかった。実施細則＝標準例はそもそも就業規則ではないとのYの主張も、一審段階で斥けられている。

ただ、一般には内規に近いものとして理解されている標準例を、ここまで重視する必要があるのか。現場には、そうした疑問があることも確かであろう。

補　公務員・裁判官と停職

第二次世界大戦前、現在の公務員に当たる文官の懲戒処分は、文官懲戒令（明治三十二年勅令第六十三号）三条により、免官、減俸および譴責の三種類に限られ、そこに停職は含まれていなかった。

戦後制定をみた国家公務員法（昭和二十二年法律第百二十号、国公法）は、八十二条で懲戒処分を「免職、停職、減給又は戒告」の四種類からなるものとして定め、現在の懲戒処分のスタイルが確立する。

制定当初の国公法は、八十三条で「停職の期間は、一月以上一年以下とする」（一項）、「停職者は、職員としての身分を保有するが、その職務に従事しない。停職者は、その停職の期間中俸給の三分の一を受ける」（二項）と定めるものであったが、後者の規定に関しては、休職者についても内容を同じくする規定（八十条三項）があり、性格の異なる両者を同じように扱うことには、法案審議の段階から批判があった。

こうしたなか、国公法の第一次改正（昭和二十三年法律第二百二十二号）により、右にみた八十三条は現行法と同じ内容の規定に改められ、停職の期間は「一年をこえない範囲内において」人事院規則で定めるものとなり（これを受け、規則一二―〇（職員の懲戒）は「一日以上一年以下」と規定）、停職期間中の給与もその無給化が図られる。

なお、裁判官の懲戒については、裁判官分限法（昭和二十二年法律第百二十七号）二条が、同法制定以来、これを「戒告又は一万円以下の過料とする」と規定している。

停職を経験することのない裁判官が、停職について裁く。裁判官の身分保障に由来するものとはいえ、不思議な光景がそこにはある。

（令和三年十月十一日）

第三〇話　判例を読み解く（23）——大学の事件簿⑬

アカハラと停職処分　続

懲戒処分は、就業規則に規定する範囲で行われる（就業規則に定めがない場合や、定めがあっても就業規則が周知されていない場合の問題はここでは論じない（この点については、拙著『法人職員・公務員のための労働法72話』（ジアース教育新社、平成二十七年）三三五頁以下を参照））。停職処分も、もとよりその例外ではない。

例えば、**国立大学法人島根大学事件（一審：令和元年六月十七日松江地裁判決、二審：令和二年二月二十六日広島高裁松江支部判決）**の場合、被告（被控訴人）Ｙの就業規則は、「職員は、いかなる場［合］においても、セクシュアル・ハラスメントその他のハラスメントを行ってはならない」と規定するとともに、就業規則の下位規範として、その一部を構成する「ハラスメント規程」において、右にいう「その他のハラスメント」を「アカデミック・ハラスメント、パワーハラスメント（略）等、構成員が修学、就労、教育及び研究上の関係において、他の構成員又は関係者に対して、相手の意に反する不適切な言動や振る舞いによって、相手を不快にさせ、傷つけ、不利益や損害を与え、あるいは修学、就労、教育及び研究上の環境を著しく損なうもの」と定義していた。

また、「ハラスメント規程」と同様に、Yの就業規則の一部をなす「懲戒規程」は、「懲戒処分の量定の決定に当たっては、懲戒処分の標準例を参考とし、非違行為の動機、態様及び結果、故意又は過失の程度、非違行為をした職員の職責及びその職責と非違行為との関係、他の職員及び社会に与える影響、過去の非違行為の有無、日頃の勤務態度や非違行為後の対応を総合的に判断し、決定する」旨を規定。「セクシュアル・ハラスメント以外のハラスメント」については、上記標準例として「修学、就労、教育及び研究上の関係に基づく影響力を持って、相手の意に反する不適切な言動（あるいは意図的な無視）（略）を繰り返し行い、学業や職務遂行に関連して一定の不利益・損害を与えた職員は、停職又は減給とする」と規定する一方で、ここにいう停職については、その期間を「一日以上六月以下の期間」と定めていた。

本件は、就業規則にいう「その他のハラスメント」に該当する行為を行ったとして停職六か月の懲戒処分を受けた、Yの医学部教授である原告（控訴人）Xが、停職処分が無効であることの確認等を求めた事件であったが、当該懲戒処分は、Yの医学系研究科に在籍する歯科医師であり、従前、Xを指導教員としていたAに対する、以下にみるような一連のハラスメント行為を懲戒事由としていた。

① Xが、Aの同意がないにもかかわらず、秘書をして押印・完成させた大学院の履修変更願を提出し、履修コースを昼夜開講コースから昼間コースへと変更させることにより、昼間は歯科医師として就労していた同人の就労環境や修学環境に大きな不利益を与えたこと。
② Xが、Aが医局を離れて遠隔地の病院に出向していた間に、その断りなくAを甲医局から乙医局に移籍させ、甲医局への立入りを禁じたこと。
③ AがXに送付した論文原稿につき、説明をすることなくその受取を拒否したこと。
④ Xが、医局員や他の医師に対し、Aがテロリストであるなどと発言し、Aの人格を傷つけ貶めたこと。
⑤ Xが、Aの出向先病院の関係者に対し、Aを破門にすると電話で話し、Aの信用を失墜させたこと。
⑥ XがAからの面会等の求めを頑なに拒んでいたため、Aが空港でXに接触しようとしたところ、Xが、Aはストーカーであると警察官または警備員に通報し、Aの人格を傷つけ、信用を失墜させたこと。

XとAの間におけるプライベートな関係のこじれが背景にはあったようであるが、本件はある意味で、典型的なアカデミック・ハラスメントのケースともいえる事件であった。

本件の場合、事案が事案だけに、停職処分がYの裁量権を逸脱するものであったとのX

の主張は、一審と二審のいずれにおいても明確に斥けられている。

停職期間が既に経過し、Xが Yを退職している本件の場合、停職処分の無効確認の利益があるか否かという点では一審と二審で判断が分かれた（一審が確認の利益を認めたのに対し、二審は不適法の訴えとして確認請求を却下した）ものの、双方の違いはそれ以外にはなかった（Xが本件懲戒処分から生じたとする損害の賠償請求については、一審・二審ともに棄却）。

もし就業規則に定める停職の期間が六か月よりも短ければ、懲戒処分としては停職ではなく、解雇が選択されていた。本件の場合には、そんな可能性があったことにも留意する必要があろう。

補　民間企業・法人と停職

「出勤停止は職工の出勤が工場の秩序を乱し又は事業の安全を危くする場合又は本人の反省を促すに必要なる場合等やむを得ざる場合においてこれを認むるも七日を限度とすること」。

工場法施行令二十七条ノ四第三項に定める地方長官（府県知事、北海道は道庁長官、東京府は警視総監）による就業規則の変更命令に関連して発出された通達（大正十五年十二月十三日発労第七十一号）には、このように述べる箇所がある（拙著『労働法の「常識」

は現場の「非常識」』(中央経済社、平成二十六年)一七一―一八頁を併せ参照)。以来、百年近い歳月が経過した今日においても、懲戒処分の一種である出勤停止について、その期間を七日以内と定める民間企業や法人は実際にも少なくない(その一例として**第二九話**で取り上げた、**学校法人W学園事件＝平成三十一年一月二十三日東京高裁判決**を参照)。

「始末書を提出させるほか、――日間を限度として出勤を停止し、その間の賃金は支給しない」。厚生労働省のモデル就業規則(令和三年四月版)は、懲戒の種類について定めた規定のなかで、このように「出勤停止」を定義しているが、長期にわたる出勤停止をここからイメージすることは難しい。

他方、学説には「長すぎる出勤停止・停職処分(限度は三ヶ月程度か)は、公序良俗違反もしくは懲戒権の濫用として無効と解すべきであろう」(西谷敏著『労働法　第三版』(日本評論社、令和二年)二三四頁)とするものもあり、これに同調する見解(水町勇一郎著『詳解労働法(第二版)』(東大出版会、令和三年)五七七―五七八頁)もある。

「裁判例では、六か月の懲戒休職処分は重すぎるとして三か月の限度で有効としたものがある」(水町・前掲書五七七頁)。その根拠として挙げられるのが、**岩手県交通事件＝平成八年四月十七日盛岡地裁一関支部判決**である(西谷・前掲書二三四頁に同じ)が、同判決は、あくまでも当該事件の認定事実に照らして、「本件懲戒処分は、その理由に比し、程度において重すぎる」としたのであって、一般論として六か月の懲戒休職処分を重すぎると判示したものではない。

現に、**国立大学法人島根大学事件**は、先にみたように、停職の期間を「一日以上六月以下」と定める就業規則のもとで、その上限である六か月の停職処分を認めるものであったし、出勤停止一年の懲戒処分を認めた**国立大学法人金沢大学事件＝平成二十八年三月四日金沢地裁判決**のような例もある。

このうち、**金沢大学事件**の事案は、論文の「盗用」にかかわるものであったが、判決は次のようにいう。

「懲戒規程において、出勤停止期間は一年以下と定められているが、就業規則上は懲戒解雇、諭旨解雇という出勤停止より重い処分も定められており、出勤停止の中で最も重い処分であるからといって、本件処分が不当なものであるともいえない」。

出勤停止（停職、懲戒休職も同義）に限定して、処分の軽重を論じることのほうに問題がある、ともいうことができよう。

（令和三年十月二十五日）

第三一話　判例を読み解く（24）——大学の事件簿⑭

アカハラと停職処分　続々

どんでん返し（unexpected and surprise ending）を絵に描いたような判決。**国立大学法人愛知教育大学事件＝令和三年一月二十七日名古屋地裁判決**は、文字どおりそんな印象をいだかせる事件であった。

被告Yの教育学部教授である原告Xは、学生に対して複数のハラスメント行為を行ったことを理由に停職六週の懲戒処分を受ける。その無効確認等を求めたのが本件であった。

本件の場合、具体的には、Xの授業（合計四科目）中における以下の①〜⑤の言動が、懲戒事由としてのハラスメントに該当するとされた。

① 学生Aに対し、発音が間違っていることを理由に一〇〇円の罰金を要求した。

② 学生Aを強く怒鳴った。

③ 学生Aの大学院入学試験の英語の点数が受験生の中で一番低かったと、本人および他の学生らの前で話した。

④　学生Ｂに対し、発音が間違っていることを理由に洋菓子の購入を要求した。

⑤　学生Ｂが休学に至った理由は甲事業団への就職や乙市の公務員試験に失敗したためであると、他の学生に話した。

例えば、②について、ある授業では「『返事しろよ、お前はー。』、『俺の言うことが信じられないなら、来るな、もう！お前全然俺が言うこと信じようとしてる顔してねえやないか！来んな、ぼけえ！腹立つ奴やなあ、お前は。』と強く怒鳴った」とされる。また、別の授業では「『なんでそんな顔になるんだお前は。返事もしやがらんし』などと強い調子で述べた上、『たく、気分悪いな。今度そんな態度出したら、もう教えんからな。』と述べ」たとされている。

さらに、③についても「他の受講者数名もいる中で、『本当情けない英語だよね、お前。何点だったかな、お前。お前一番低かった。合格者の中で一番。』などと述べ」たという。

本件の場合、Ｙのハラスメント防止規程は、アカデミック・ハラスメントを以下のように定義するものであった（二条一項二号）が、常識で考えても、上記の言動がアカハラに該当することは明らかであった。

ア　教員又はこれに準ずる者がその地位又は職務権限を利用し、これに抗し難い地位にある者に対して正当な理由なく教育研究上若しくは修学上の不利益を与える行為、又は利益を与えること［の］代償として、相手の意に反する要求又は圧力を与える行為

イ　教員又はこれに準ずる者が不適切な言動又は差別的な取扱いにより、教育研究上若しくは修学上の環境を害する行為

判決も、②、③および⑤については、これらの行為がハラスメントに該当することを明確に認めている（なお、①および④については、罰金額が少額であり、罰金や菓子は学生との茶話会等に利用してX個人が費消することはなかったこと等を理由に、ハラスメントには該当しないとされた）。

にもかかわらず、判決の結論は、一転して当該処分を無効と判示するものとなる。なぜか。このことに関連して、判決は次のように述べる（傍線は筆者による）。

ア　就業規則四十四条二項は、懲戒に関し必要な事項は懲戒規程によることとしており、これを受けた懲戒規程二条一項は、職員の懲戒には役員会の審査の結果によることを要する旨定めるとともに、二項は、教育職員の懲戒の場合、教育研究に係る事項については、教授会の議を経ることを要する旨定めている。また、ハラスメント防止規程三十三条の二第一項ただし書は、ハラスメントを理由とする懲戒処分の場合についても、教育職員については、教育研究に係る事項に限り、教授会及び役員会の議を経ることを要する旨定めている。さらに、被告の職員の懲戒の実施に関し必要な事項を定める懲戒等審査要項九条二項も、懲戒規程二条二項と同様の定めをしている。

イ　本件懲戒事実①ないし⑤は、いずれも、原告が授業中に学生に対して行った言動であ

り、これが「教育」に該当することは明らかである。そして、前記アの就業規則等の各規定は、教授会に決定権限がある旨を定めるものではないものの、教育研究に係る事項について教育職員に対し懲戒処分をするには、教授会における議を経ることを明確に求めているところ、学校教育法上、教授会は、必置の機関とされ（九十三条一項）、「教育研究に関する重要な事項で、教授会の意見を聴くことが必要なものとして学長が定めるもの」について学長が決定を行うに当たり意見を述べるものとされるなど（同条二項三号）、重要な機関として位置付けられていることを踏まえると、就業規則等の当該各規定の趣旨は、重要な機関である教授会の構成員に当該懲戒処分について意見を述べる機会を保障し、その意見を被告が懲戒処分を行うか否かについての判断材料とすることにあるものと解される。しかるに、被告は、この手続を経ることをせず、重要な機関である教授会から意見を述べる機会を奪い、その意見を判断材料としないままに本件処分を行っているのであるから、教授会の議を経ることなくされた本件処分には、手続上の重大な瑕疵があるといえる。

また、「本件懲戒事実①ないし⑤には、被害者となる学生が存在し、その心情等に配慮する必要があるところ、二〇〇名を超える定員を有し、一五〇名を超える出席者がいるＹの教授会で、学生のプライバシーにも配慮しながら出席者が事案を十分に把握できるだけの材料を提供することは、困難であり、教授会が適正な判断を行うことは、期待できない。

よって、本件懲戒事実①ないし⑤は、専門性を尊重すべき『教育研究に係る事項』ではなく、教授会の議は、不要である」とのYの主張に対しても、判決は「仮にYが指摘するような事態が危惧されるとしても、そうであるからといって『教育研究に係る事項』という文言をYの主張するように解釈することを正当化できるものではない」と応答する。

確かに、誤解を招く規定（傍線部分）を設けた責任は、Yの側にあるとはいえ、現場の困難を無視してでも、その杓子定規な適用を求める裁判所もどうかしている。そんな感想をいだかざるを得ない判決であった。

補　教員の懲戒処分と教授会

採用から解雇・退職に至るまで（from hire to fire）、人事に含まれる事項は、広範囲に及ぶ。大学における教員人事も、その例外ではない。

大学教員の採用に関しては、「対象ポストの確定、公募、選考に至る一連の過程を担当する〝教員人事委員会〟を学長の下に設けて、対象ポストに関わる専門家の協力を得ながら人事を進める態勢をとることが、将来を見据えた改革型の人事政策となる」として、学長直轄型の制度導入を説く見解（大西隆「連載　日本の高等教育を考える⑳　教授会と教員人事」『文部科学教育通信』五一四号一六頁以下、一七頁）もある。

また、大学教員の懲戒処分や解雇については、教授会を関与させる必要がそもそもあるのか、といった疑問もある。

懲戒処分のような人事案件は、学校教育法九十三条二項三号により、学長が決定を行うに当たって教授会が意見を述べるものとされる「教育研究に関する重要な事項」にも該当しない。こう考えることもできよう。

愛知教育大学事件においても、ハラスメント防止規程は、二十五条で「学長は、相談者からハラスメントの調査の申し立てがあった場合及びハラスメント防止委員会が設置の必要を認めた場合は、ハラスメントの事実関係の調査にあたるため、［調査］委員会を設置する」と規定するとともに、三十三条で「調査委員会は、被申立人によるハラスメントが懲戒等に該当すると認められた場合には、当該被申立人の懲戒等の内容について、学長に報告する」と定めていた。

調査委員会の報告に基づいて、学長が懲戒処分の内容を決定する。それ以上の手続きが必要であったとは、筆者には思えない。

「教授会自治」も暴走すると、笑い話ではすまなくなる。裁判になってからでは遅い。暴走を許す規定が就業規則に残っていないかどうか、その再点検をお勧めしたい。


（令和三年十一月八日）

第三二話　判例を読み解く（25）――大学の事件簿⑮

正当性を欠く教員の争議行為

「最高裁判所が決定をする場合において、相当と認めるときは、決定書の作成に代えて、決定の内容を調書に記載させることができる」。民事訴訟規則（平成八年最高裁判所規則第五号）五十条の二（平成十六年改正により追加）は、このように規定する。

上告受理申立てを受理しないことを内容とする、いわゆる不受理決定は、この調書決定によることを通例とする。**学校法人関西外国語大学事件＝令和三年十月五日最高裁第三小法廷決定**も、その例外ではなかった。

決定はいう（原文は横書き）。

裁判官全員一致の意見で、次のとおり決定。

第一　主文

一　本件を上告審として受理しない。

二　申立費用は申立人らの負担とする。

第二　理由

本件申立ての理由によれば、本件は、民訴法三百十八条一項により受理すべきものとは認められない。

調書決定の記載内容は、その前文を含め、完全に定型化されており（「調書決定事務処理要領」は、「決定の前文に、裁判官全員一致の意見で決定された旨を記載する」と規定）、読む意味がないといえば、そういえなくもない。

ただ、不受理決定によって、原判決は確定をみる。その意義は、やはり大きい。本件でいえば、**令和三年一月二十二日**の**大阪高裁判決**がそれであった。

本件は、被控訴人の教員で組織する控訴人組合の組合員である控訴人らが平成二十三年から実施してきた争議行為（担当授業科目週二コマの実施拒否（本件争議行為１）および委員会業務の拒否（本件争議行為２）を内容とするストライキ）をめぐり、その正当性の有無が争点となった事件であったが、高裁判決は、その核心部分において、以下のように判示する（番号および傍線は、筆者による）。

一　本件争議行為１の正当性について

本件争議行為１は、控訴人組合の一部の組合員を指名して行われ、また、指名された組合員が被控訴人から業務として担当を命じられた授業科目のうち特定の週二コマの授業科目のみを行わず、かつ、これを、年度の概ね半分に当たる学期を通じて毎週継続して行うという点で、組合に所属する労働者が一斉に業務を停止する態様の同盟罷業とは明らかに異なるものである。

（中略）

本件争議行為1は、これによって団体交渉における交渉の行き詰まりを打開するなど団体交渉を機能させてその内容を実現することを目的としたものとは認められないもので、むしろ、控訴人らの団体交渉における担当コマ数を週六コマとするという要求を単に自力執行の形で実現する目的に出たものといわざるを得ない。また、態様においても、長期間にわたり業務命令が発せられている授業科目のうち特定の授業科目を担当せず、その結果、被控訴人としては、その授業科目を、他の教員に担当させざるを得なくなったこと（略）に照らすと、本件争議行為1は、態様において、結果として控訴人組合が被控訴人の人事権を行使するものであり、これらの点にかんがみれば、本件争議行為1は、その目的及び態様に照らして正当なものであるということはできない。

二　本件争議行為2の正当性について

本件争議行為2も、本件争議行為1と同様に、控訴人組合の一部の組合員を指名して行われ、また、指名された組合員が被控訴人から業務として担当を命じられた委員会業務のうち特定の委員会業務のみを行わず、かつ、これを、年度を通じて継続して行うという点で、組合に所属する労働者が一斉に業務を停止する態様の同盟罷業とは明らかに異なるものである。

（中略）

本件争議行為2は、本件争議行為1と同様に、これによって団体交渉における交渉の行き詰まりを打開するなど団体交渉を機能させて要求を実現することを目的としたものとは認め難く、控訴人らによる委員会業務を一つに限定するという要求を単に実現する目的に出たものといわざるを得ないもので、態様においても、年度を通じて業務命令が発せられている委員会業務のうち特定の委員会業務を担当せず、その結果、これによって他の教員の負担が増加したこと（略）に照らすと、本件争議行為2は、態様においても、結果として被控訴人の人事管理権を害するものといわざるを得ず、これらの点にかんがみれば、本件争議行為2も、その目的及び態様に照らして正当なものであるということはできない。

以上の判旨に関連して、筆者はかつて、次のように論じたことがある。

「怠業が団体交渉を有利に導くための経済的圧力手段としてではなく、即時かつ一方的に自己の目的を実現するための手段として組合によって採用される場合、たとえば、作業速度の変更（低下）を組合が要求し、かつ労使が合意をみない段階でこれが欲する速度において作業を遂行した（スローダウンを実行した）というような〝自力執行的〟怠業の場合は、組合による労働条件の一方的設定（業務管理）として、消極に評価すべきではなか

ろうか」(拙稿「怠業」『現代労働法講座5　労働争議』(総合労働研究所、昭和五十五年)一一八頁以下、一三一—一三二頁)。

まったくの偶然とはいえ、現下の勤務先とかかわる事件において、四〇年前に筆者が使用した「自力執行」という文言が、怠業＝特定業務の履行拒否の正当性を否定する判決のなかで再び用いられるとは思ってもいなかった。その判決の確定に、筆者が感慨を新たにしたことはいうまでもない。

補　partial strike と外国法

労務の完全な不提供が正当であれば、部分的な不提供も正当性に欠けるところはない。わが国では、今日なお、このような「大は小をかねる」式の、いささかシンプルにすぎる考え方が当然視される傾向にある。

とはいえ、目を海外に転じると、そこにはまったく違った世界が存在する。その典型ともいえる国にアメリカがある。例えば、労働委員会（ＮＬＲＢ）の命令のなかには、特定業務（防毒マスクの適合テスト）の履行拒否とかかわる事件において、次のように述べるものがある（L & BF, Inc.事件＝二〇〇一年二月八日命令）。

「労働者がストライキをする場合、そのストライキは、完全なものでなければならない(When employees strike, the strike must be complete.)。労働者は、すべての労働を差し控えなければならない（The employees must withhold all their labor.）。どんな仕事をするのか、いつ仕事をするのか、労働者は選り好みできない（They cannot pick and chose the work they will do or when they will do it.）。労働者は、どのようなルールに従い、どのようなルールに従わないのかを、自ら決定することはできない（They cannot decide for themselves which rules to follow and which to ignore.）」（一部に、以前の労委命令からの引用を含む）。

フル・ストライキ（full strike）は団体行動として、法の保護を受ける（protected）が、特定業務の履行拒否を含むパーシャル・ストライキ（partial strike）は、法の保護を受けない（unprotected）。基本的な考え方は、先にみた**関西外国語大学事件**の**高裁判決**と共通しているといって誤りはない。

ただ、アメリカの場合、パーシャル・ストライキへの参加は、即解雇につながる（解雇されても、文字どおり法の保護を受けない）。そこに、日米の大きな違いがある。

他方、イギリスのように、業務の部分的不履行に対しても、賃金の全額不支給（フル・ストライキへの事実上の転換）が認められるのであれば、パーシャル・ストライキを実施するメリットが大幅に失われ、懲戒処分でこれに対抗する必要もなくなる。そんな考えるヒントを外国法から得るのも悪くない。

（令和三年十一月二十二日）

第三三話　法令を読み解く（1）

個人情報保護法と人事労務

産業医の意見書をみせてほしい。教職員の休職に関連して、人事労務の現場はこのような要求に遭遇することがある。国公私立の別を問わず、大学もその例外ではない。

国立大学には「独立行政法人等の保有する個人情報の保護に関する法律」（独立行政法人等個人情報保護法）が適用され、私立大学には「個人情報の保護に関する法律」（個人情報保護法）が適用される。そして、公立大学の場合には、都道府県等で定める個人情報保護条例の適用を受ける。こうした根拠法の違いにも留意する必要がある。

確かに、これらの法令には、個人情報の開示に関する規定が置かれている。例えば、個人情報保護法二十八条一項に定める「本人は、個人情報取扱事業者に対し、当該本人が識別される保有個人データの開示を請求することができる」との規定がそれである。

そこにいう「本人」とは「個人情報によって識別される特定の個人」をいい（個人情報

保護法二条八項）、「個人情報取扱事業者」とは「個人情報データベース等を事業の用に供している者」（同条五項本文）をいう（使用者も、当該事業者に含まれる）。

しかし、より重要なことは、個人情報保護法の場合、そこにいう「保有個人データ」が「個人情報取扱事業者が、開示、内容の訂正、追加又は削除、利用の停止、消去及び第三者への提供の停止を行うことのできる権限を有する個人データ……をいう」（同法二条七項）と、限定的に定義されていることにある。

そして、右にいう「開示、内容の訂正、追加又は削除、利用の停止、消去及び第三者への提供の停止を行うことのできる権限を有する」とは、「これらのすべての権限を有することが必要であるとするのが立法者意思」（宇賀克也著『個人情報保護法の逐条解説　第六版』（有斐閣、平成三十年）八三頁）とされる。

したがって、使用者による「内容の訂正、追加又は削除」が不可能な産業医の意見書はそもそも「保有個人データ」には該当せず、開示請求の対象とはならない。

ただし、独立行政法人等個人情報保護法の適用を受ける国立大学の場合（国立大学法人は、同法別表に掲げる法人として「独立行政法人等」に含まれる。二条一項を参照）、多少話は違ってくる。

というのは、独立行政法人等個人情報保護法は、十二条一項で「何人も、この法律の定めるところにより、独立行政法人等に対し、当該独立行政法人等の保有する自己を本人とする保有個人情報の開示を請求することができる」と定めるとともに、二条五項本文で、そこにいう「保有個人情報」を「独立行政法人等の役員又は職員が職務上作成し、又は取得した個人情報であって、当該独立行政法人等の役員又は職員が組織的に利用するものとして、当該独立行政法人等が保有しているものをいう」と広く定義しているからである。

とはいえ、「保有個人情報」に該当する場合であっても、そのすべてを開示しなければならないわけではない。独立行政法人等個人情報保護法十四条各号に定める「不開示情報」がそれであり、同条五号柱書きは、その一例を次のように規定する。

五　国の機関、独立行政法人等、地方公共団体又は地方独立行政法人が行う事務又は事業に関する情報であって、開示することにより、次に掲げるおそれその他当該事務又は事業の性質上、当該事務又は事業の適正な遂行に支障を及ぼすおそれがあるもの

また、このことと関連して、総務省の個人情報保護審査会の平成二十九年三月三十一日答申が、以下のような諮問庁（国立大学法人千葉大学）の説明を是とし、「産業医が開示請求者を含む関係者との面談を通じて判断した総合所見」について、これを不開示とする決定を妥当としていたことが参考になる。

「本件対象保有個人情報は、診療録の形式として作成、保有する文書に記録されたものであるが、その内容は、産業医が審査請求人に係る就労に関する意見書を作成するために行った面談の内容及び産業医がその面談を通じて判断した総合所見等である。したがって、

本件対象保有個人情報は、産業医が審査請求人の就労に当たり健康管理等について専門的立場から意見を述べることを目的に作成されたものであり、審査請求人の診察又は治療を目的として作成されたものではない。

また、本件対象保有個人情報のうち産業医の総合所見は、審査請求人及びその関係者の内心の問題やこれらの者に対する心証等を含め、審査請求人及びその関係者との面談時における産業医の率直な所見を記載しているものである。

産業医は、就労に関する意見書を作成するに当たっては、この総合所見を参照しているが、当該意見書の提出後も関係者から協力を得る必要性を考慮し、面談を行った者の内心の問題やこれらの者に対する心証等を含む内容については、必要に応じて記載内容を取捨選択している。

したがって、……産業医の総合所見は、就労に関する意見書の作成の途中段階における未成熟な情報であるといえ、これが開示されると、未成熟な情報が独り歩きすることで、関係者に混乱を生じさせるおそれがあるだけでなく、今後の面談時において、産業医にあっては、開示されることを念頭に総合所見において具体的な記載・記録を避ける等といったことが生じ、また、産業医と面談を受ける者にあっては、当たり障りのない受け答えに終始するおそれが生じ、結果として、産業医が正確な事実関係を把握することを困難にするおそれがあるものと認められる。

以上のことから、産業医の総合所見を開示することにより、産業医の行う就労に関する意見書の作成等事務の適正な遂行に支障を及ぼすおそれがあると認められるため、諮問庁としては、当該不開示部分について、法十四条五号柱書きに該当し、不開示を維持することが妥当であると考える」。

なるほど、本件の場合、産業医の作成した意見書それ自体は開示されており、その開示請求があったケースではない。

しかし、診療録とは違い、未成熟な情報を含まない意見書であっても、その開示を念頭に置かざるを得ないとすれば、産業医が意見書の「総合所見において具体的な記載・記録を避ける等といった」問題が生じる可能性は常にある。こうした事情を考えれば、意見書だからといって、これを軽々に開示すべきではないということになろう。

本件の場合、意見書の開示は前提事実ではあっても（ただし、意見書の内容やその開示に至った経緯までは判然としない）、審査会がこのことを当然の前提と考えていたわけではなかった。この単純な事実を改めて確認する必要がある。

なお、公立大学（法人）に適用される個人情報保護条例を含め、個人情報の保護に関する法令に定める「不開示情報」（「非開示情報」ということもある）は、開示しないことができる個人情報を例示列挙したものであり、これを限定列挙したものではない。

例えば、独立行政法人等個人情報保護法十四条五号（「ヘ」）や東京都個人情報の保護に関する条例十六条六号（「ホ」）には「人事管理に係る事務に関し、公正かつ円滑な人事の確保に支障を及ぼすおそれ」のある個人情報を不開示ないし非開示の情報とする規定が設けられているが、大阪府個人情報保護条例には、そのような定めは置かれていない。

他方、大阪府個人情報保護条例十四条一項四号に「非開示情報」として規定されている「個人の指導、診断、判定、評価等の事務に関する個人情報であって、開示することにより、当該若しくは同種の事務の目的が達成できなくなり、又はこれらの事務の公正かつ適切な執行に著しい支障を及ぼすおそれのあるもの」（東京都個人情報の保護に関する条例十六条六号（「イ」）も、ほぼ同旨）は、独立行政法人等個人情報保護法では「不開示情報」として明確には定められていない。

硬直的な条文の読み方を避けるためには、ときにはこうしたトリビアルな事実にも目を向ける必要があろう。

（令和三年十二月十三日）

第三四話　法令を読み解く（2）

権利濫用となる解雇は無効？

解雇権を濫用すれば、解雇は無効となる。わが国の大学では、このことを当然であるかのように教えているし、学生もそんな教師のいうことを疑わない。労働契約法十六条が、次のように規定しているからである（以下、傍線は筆者による）。

（解雇）

第十六条　解雇は、客観的に合理的な理由を欠き、社会通念上相当であると認められない場合は、その権利を濫用したものとして、無効とする。

法務省の「日本法令外国語訳データベースシステム」によれば、その英訳は以下のようになる（イタリックは筆者による。以下同じ）。

(Dismissal)

Article 16　If a dismissal lacks objectively reasonable grounds and is not considered to be appropriate in general societal terms, *it is treated as an abuse of rights and is invalid.*

確かに、本条は、昭和五十年代初頭における、次のように述べる判例を法律上の規定として明文化したものにすぎない。

「使用者の解雇権の行使も、それが客観的に合理的な理由を欠き社会通念上相当として是認することができない場合には、権利の濫用として無効になると解するのが相当である」（**日本食塩製造事件＝昭和五十年四月二十五日最高裁第二小法廷判決**）、「普通解雇事由がある場合においても、使用者は常に解雇しうるものではなく、当該具体的な事情のもとにおいて、解雇に処することが著しく不合理であり、社会通念上相当なものとして是認することができないときには、当該解雇の意思表示は、解雇権の濫用として無効になるものというべきである」（**高知放送事件＝昭和五十二年一月三十一日最高裁第二小法廷判決**）が、それである。

「我が国の判例は解雇は原則として自由であり解雇には正当の事由は必要でないとしばしば言明し、ただ解雇権濫用の理由で解雇の自由を制限しているにすぎない」（来栖三郎著『契約法』（有斐閣、昭和四十九年）四三八頁）。

一方で「結果においてはイギリスやフランスよりも、おそらくドイツよりも解雇の自由を制限している」（同前）との認識はあったものの、こうした理解が当時も現在も、わが国では一般的なものとなっている。

わが国においても「判例の言明にとらわれずに、判例が現実に行なっていることを視れば、判例は解雇に正当の事由を必要とし、その立証責任は使用者が負担することを要求している」（同四三八―四三九頁）とはいうが、それだけでは、わが国における解雇の自由がイギリスやフランス、ドイツ以上に制限されているとはいえない。

ヨーロッパでは正当事由があるとされる解雇も、わが国では解雇権の濫用となる。このような現実があってこそ、初めて右のようにいえるのである。

他方、彼我のより大きな違いは、わが国の場合、解雇権の濫用が解雇の無効に直結するという点にある。

例えば、以下にみるようなスイスの現状は、日本の常識では到底理解できないといえる（Alexandre Bernstein, Pascal Mahon and Jean-Philippe Dunand, ***Labour Law in Switzerland, 3rd ed.***, 2018, Wolters Kluwer, para. 504 を訳出）。

「使用者が解雇権を濫用したとみなされる場合であっても、解雇は有効である。つまり裁判所は、労働者の復職を使用者に強制することはできない」。

（*Although the employer may be deemed to have misused his rights*［to dismiss］, *the termination of the contract is valid;* the court cannot force the employer to reinstate the worker in the enterprise.）

なるほど、スイスでも、解雇が無効となる場合がないわけではない。かの有名なスイス債務法三百三十六条ｃ第一項に定める、試用期間後の下記の期間中における解雇がそれであり、同条二項は、当該解雇が無効（void）となる旨を規定している。

① 一一日を超える軍務等に就く期間およびその前後の四週間。

② 本人に責任のない理由による傷病のため働くことができない期間（勤続一年目は三〇日間、勤続二年目～五年目は九〇日間、勤続六年目以上は一八〇日間）。

③ 妊娠中および出産後一六週間。

④ 使用者の同意を得て政府機関による海外支援プロジェクトに参加する期間。

これに対し、権利の濫用となる解雇の場合（労働組合の組合員であることや正当な組合活動への従事を理由とするケースを含む）には、使用者は補償金（compensation）の支払義務を負うにとどまる。

しかも、補償金の額は、六か月分の賃金に相当する額（大量の人員整理を実施する場合の協議手続き不履行については、二か月分の賃金相当額）を上限とするものとなっている（以上につき、スイス債務法三百三十六条および三百三十六条ａを参照）。

解雇は有効だが、補償金は支払う。解雇の金銭解決も、このように考えると理解が容易になる。逆に解雇の無効にこだわると、金銭解決の議論は進まない。わが国の現状をみても、そう思えてならない。

補　権利濫用の禁止規定

シカーネ禁止から一般的な濫用の禁止へ。ヨーロッパの権利濫用禁止規定は、おおよそこのような足跡をたどることになる。

前者を代表するのが、一八九六年に公布され、一九〇〇年一月一日に施行されたドイツ民法。一八九九（明治三十二）年には、その全文の訳出が、ハインリヒ・デルンブルヒ著『独逸民法論』（東京専門学校出版部）の附録として完了している。

その第一巻『総則』に収録された二百二十六条には「権利ノ実行カ単ニ他人ニ損害ヲ加フル目的ニ出ツルトキハ之ヲ許サス」とある（漢字は現代表記に改めている。以下同じ）。

他方、後者を代表するのが、一九〇七年に制定され、一九一二年一月一日に施行されたスイス民法。こちらも、その全訳が穂積重遠校閲・辰巳重範訳述になる『瑞西民法』（法学新報社）として、一九一一（明治四十四）年には公刊されている（なお、『独逸民法論』も『瑞西民法』も国立国会図書館デジタルコレクションに所蔵されており、容易にアクセスできる）。

そのスイス民法二条二項には「権利ノ明白ナル濫用ハ法律ノ保護ヲ受クルコトヲ得ス」とある。

以上を要するに、いずれの権利濫用禁止規定も、無条件に権利の濫用を禁止するものとはなっていない。すなわち、ドイツの場合、禁止の対象はもっぱら他人に損害を加えることを目的とする権利行使（シカーネ）に限られ、スイスの場合も、明白な権利の濫用のみが法律の保護を喪失する。権利濫用禁止規定の規定内容が、このように限定的なものとなっていることにも留意する必要がある。

しかるに、わが国の民法は、権利の濫用に一切の条件を付さない形で、その濫用を禁止する定めを置いた。昭和二十二年の民法改正（翌二十三年一月一日施行）によって新設された「権利ノ濫用ハ之ヲ許サス」と規定した、民法一条三項がそれである。

また、一条三項は、当初第一回国会に提出された民法改正案にはなく、国会修正で追加された規定であったという事実もある。

さらに、民法一条三項の場合、これが追加されるに当たって、規定内容について十分な議論が行われた形跡もない。

例えば、衆議院の司法委員会（昭和二十二年十月二十七日開催）において、スイス民法等の「外国法にあるがゆえにこれを受けてまねをすべき必要は毫もない」と指摘した野党自由党の佐瀬昌三議員も、与党である社会・民主・国民協同三党の提出した修正案と外国法との違いには言及していない。このような濫用禁止規定誕生の経緯を知れば、権利濫用に対する見方も自ずと変わってこよう。

（令和三年十二月二十七日）

第三五話　法令を読み解く（３）

懲役を禁錮に改める

令和三年に公布をみた法律は八八件、うち議員立法が二四件（二七・三％）を占める。公布法律に占める議員立法の割合は、最近五年間では、平成三十年の二七・六％（一〇五件中二九件）に次ぐものとなった。

そうした議員立法の一つに、「強制労働の廃止に関する条約（第百五号）の締結のための関係法律の整備に関する法律」（令和三年六月十六日法律第七十五号、同年七月六日施行。整備法）がある。

「この法律は、我が国が強制労働の廃止に関する条約（第百五号）を締結するため、同条約が禁止する強制労働に該当するおそれがある罰則に関する規定に係る関係法律の整備について定めるものとする」。

整備法一条は、このようにその趣旨を説明するが、法律の題名と同様、そこにいう条約がＩＬＯ一〇五号条約であることを示すものはなにもない。

なるほど、ＩＬＯ条約については、条約の批准（憲法六十一条、七十三条三号にいう条約の締結）に当たって、国会の承認を得る際にこれまでも番号を付記してきたという事実はある（第一六六回国会に提出された「職業上の安全及び健康を促進するための枠組みに関する条約（第百八十七号）の締結について承認を求めるの件」ほかを参照）。だが、条約そのものが特定できないのであれば、ＩＬＯ条約の番号にすぎない（第百五号）等の付記は不要ともいえよう。

ただ、もとより重要なのは、整備法の中身にある。では、ＩＬＯ一〇五号条約は、そもそもどのような条約であったのか。その一条は、次のように定める（邦訳は、ＩＬＯ駐日事務所のサイトに掲載された仮訳による）。

第一条　この条約を批准する国際労働機関の各加盟国は、次に掲げる手段、制裁又は方法としてのすべての種類の強制労働を禁止し（suppress）、かつ、これを利用しないことを約束する。

(a)　政治的な圧制若しくは教育の手段又は、政治的な見解若しくは既存の政治的、社会的若しくは経済的制度に思想的に反対する見解をいだき、若しくは発表することに対する制裁

(b)　経済的発展の目的のために、労働力を動員し、及び利用する方法

(c)　労働規律の手段

(d)　同盟罷業に参加したことに対する制裁
(e)　人種的、社会的、国民的又は宗教的差別待遇の手段
そして、整備法の法律案要綱は、同条約の締結（批准）のためには「次に掲げる法律の規定中の懲役刑について、これを禁錮刑に改めること」が必要であるとした。
1　政治的行為の禁止に違反する行為に係る罰則としての懲役刑
(1)　国家公務員法第百十条第一項第十九号　(2)　自衛隊法第百十九条第一項第一号
2　業務を行わないことに対する罰則その他の労働規律の手段としての懲役刑
(1)　船員法第百二十八条第四号　(2)　郵便法第七十九条第一項
(3)　郵便物運送委託法第十九条　(4)　熱供給事業法第三十四条第三項
(5)　電気通信事業法第百七十八条及び第百八十条第二項
(6)　電気事業法等の一部を改正する等の法律附則第六十五条
3　争議行為のあおり等に係る罰則としての懲役刑
(1)　国家公務員法第百十条第一項第十七号　(2)　地方公務員法第六十一条第四号
懲役とは「刑事施設に拘置して所定の作業を行わせる」（刑法十二条二項）ことをいい、禁錮とは「刑事施設に拘置する」（同法十三条二項）ことをいう。つまり、所定の作業への従事の有無という点に、両者の違いはある。とはいえ、懲役＝強制労働（forced or compulsory labour）という見方はいかにも大袈裟にすぎる。

また、隣接する罰則規定との〝バランス〟という問題もある。例えば、改正後の郵便法（二重線部の改正）の場合、罰則規定の一部を抜き出して示すと、その配列は次のようになる（傍線は筆者による）。

（郵便物を開く等の罪）

第七十七条　会社の取扱中に係る郵便物を正当の事由なく開き、き損し、隠匿し、放棄し、又は受取人でない者に交付した者は、これを三年以下の懲役又は五十万円以下の罰金に処する。（ただし書　略）

（郵便用物件を損傷する等の罪）

第七十八条　郵便専用の物件又は現に郵便の用に供する物件に対し損傷その他郵便の障害となるべき行為をした者は、これを五年以下の懲役又は五十万円以下の罰金に処する。

（郵便物の取扱いをしない等の罪）

第七十九条　郵便の業務に従事する者が殊更に郵便の取扱いをせず、又はこれを遅延させたときは、これを一年以下の禁錮又は三十万円以下の罰金に処する。

②　略

（信書の秘密を侵す罪）

第八十条　会社の取扱中に係る信書の秘密を侵した者は、これを一年以下の懲役又は五十万円以下の罰金に処する。

② 郵便の業務に従事する者が前項の行為をしたときは、これを二年以下の懲役又は百万円以下の罰金に処する。

もともとバラバラであった罰則規定がさらに〝正体不明〟のものとなった。懲役と禁錮は統一して、拘禁刑（英語でいうimprisonment）に改める方向にある【令和四年三月八日に、そのための刑法改正案を提出】が、懲役を禁錮に改める法改正が本当に必要だったのか。そんな疑問もなくはない。

補　罰金と労役場留置

労働法の世界で郵便法違反事件といえば、二つの中央郵便局（中郵）を舞台とする事件を指す。そんな時代がかつてはあった。**東京中郵事件＝昭和四十一年十月二十六日最高裁大法廷判決**と**名古屋中郵事件＝昭和五十二年五月四日最高裁大法廷判決**がそれである。

事案は、同日（昭和三十三年三月二十日）の時間内職場大会への参加（職場離脱による郵便物の不取扱い）とかかわるものであり、郵便法七十九条一項違反の教唆ないし幇助の罪に問われた事件であったが、**東京中郵事件**では無罪となった（正確には差戻後の控訴審判決（**昭和四十二年九月六日東京高裁判決**）において、無罪が確定）ものの、**名古屋中郵事件**では、有罪判決が確定することになる。

ただ、**名古屋中郵事件**においても、刑としては罰金刑（当時の罰金の多額である二万円の半額に当たる一万円の罰金）が選択されており、懲役刑は選択されていない。

確かに、公務員の違法争議行為とかかわる事件では、執行猶予付きとはいえ懲役刑に処するとされたケースも希ではない。しかし、郵便法七十九条一項違反をはじめ、同法違反の事件で懲役刑に処せられた例は寡聞にして知らない。違法争議行為の唆《そそのかし》し、あおり等の行為についてストレートに定めた規定とそうではない規定。ここには、その違いが表れているともいえよう。

なお、「被告人においてその罰金を完納することができないときは金〇〇〇〇円を一日に換算した期間その被告人を労役場に留置する」。罰金刑の言渡しがあった場合には、判決主文に、必ずこのような一文が加わる（刑法十八条を参照。同条一項により、その期間は一日以上二年以下とされる）。

検察統計年報によれば、令和二会計年度における罰金刑の既済件数は一七万〇六七九件。そのうち、労役場留置処分の件数は二九四一件と、全体の一・七％（金額は一四億一三九四万六千円（平均すると、一件当たり五〇万円弱）で三・九％）を占める。

こうした事情から、罰金刑であっても強制労働につながるとする見解（労役場留置処分と懲役刑との間には、実質的な違いがないことを根拠とする）も以前はあったように記憶するが、屁理屈という以外にあるまい。

（令和四年一月十四日）

第三六話　法令を読み解く（4）

公益通報者保護法の改正

「かかわる」を「関わる」に改める。令和二年には、このような条文の表記の変更を伴う法改正が一件（平成二十三年、同二十六年および令和三年にも各一件）あった。「公益通報者保護法の一部を改正する法律」（令和二年六月十二日法律第五十一号）がそれである。

「こえる」を「超える」に、「かんがみ」を「鑑み」に改める。このようにひらがな表記を漢字表記に改める類の改正は、これまでにもなくはなかった。ただ、いずれの場合も、法改正の主たる目的は、別のところにあった。

「最近における国民の生命、身体、財産その他の利益の保護に関わる法令に違反する事実の発生状況等に鑑み、これらの法令の規定遵守を図るため、公益通報者及び通報対象事実の範囲の拡大並びに公益通報者の保護の強化を行うとともに、事業者に対して公益通報に適切に対応するために必要な体制の整備その他の必要な措置をとることを義務付ける等の必要がある」。改正法案に付された「理由」は、公益通報者保護法の改正（令和二年）

目的をこのように要約する。

改正前は、章立ての区分さえなかった公益通報者保護法に、「事業者がとるべき措置等」について定めた章が新たに設けられる。人事労務担当者の耳目も、次のような定めを含むこの新設された第三章（以下では、第四章以下に定める関連規定も付記）に集まった。

第三章　事業者がとるべき措置等

（事業者がとるべき措置）

第十一条　事業者は、第三条第一号及び第六条第一号に定める公益通報を受け、並びに当該公益通報に係る通報対象事実の調査をし、及びその是正に必要な措置をとる業務（次条において「公益通報対応業務」という。）に従事する者（次条において「公益通報対応業務従事者」という。）を定めなければならない。

2　事業者は、前項に定めるもののほか、公益通報者の保護を図るとともに、公益通報の内容の活用により国民の生命、身体、財産その他の利益の保護に関わる法令の規定の遵守を図るため、第三条第一号及び第六条第一号に定める公益通報に応じ、適切に対応するために必要な体制の整備その他の必要な措置をとらなければならない。

3　略（常時使用する労働者数が三百人以下の事業者を対象とした、前二項の努力義務規定への読み替え）

4　内閣総理大臣は、第一項及び第二項（略）の規定に基づき事業者がとるべき措置に関して、その適切かつ有効な実施を図るために必要な指針（略）を定めるものとする。
5～7　略（指針の策定・公表に係る手続き）

（公益通報対応業務従事者の義務）

第十二条　公益通報対応業務従事者又は公益通報対応業務従事者であった者は、正当な理由がなく、その公益通報対応業務に関して知り得た事項であって公益通報者を特定させるものを漏らしてはならない。

第四章　雑則

（報告の徴収並びに助言、指導及び勧告）

第十五条　内閣総理大臣は、第十一条第一項及び第二項（略）の規定の施行に関し必要があると認めるときは、事業者に対して、報告を求め、又は助言、指導若しくは勧告をすることができる。

（公表）

第十六条　内閣総理大臣は、第十一条第一項及び第二項の規定に違反している事業者に対し、前条の規定による勧告をした場合において、その勧告を受けた者がこれに従わなかったときは、その旨を公表することができる。

第五章　罰則

第二十一条　第十二条の規定に違反して同条に規定する事項を漏らした者は、三十万円以下の罰金に処する。

公益通報者保護法にいう「公益通報」は、大別して以下の三種類に分かれる。①勤務先（役務提供先または当該役務提供先があらかじめ定めた者）に対する内部通報、②「通報対象事実」について処分や勧告を行う権限を有する行政機関に対する外部通報、③その他報道機関等（その者に対し当該通報対象事実を通報することがこれによる被害の拡大等を防止するために必要であると認められる者）に対する外部通報がそれである。

改正後の公益通報者保護法も、内部通報を外部通報の前提とするものとはなっていないとはいえ、「通報対象事実が生じ、又はまさに生じようとしていると思料する場合」（三条一号、六条一号）というだけでは、外部通報は認められない。法改正の結果、外部通報は以前より行いやすくなったとはいうものの、こうした構図は改正後も維持されている。

ただ、内部通報制度の整備を怠れば、企業や法人にとってはよりダメージの大きい外部通報につながる。内部通報制度の整備拡充を事業者に義務づけた今回の法改正には、そうした状況を招かないための〝警告〟としての意味もある。

なお、右にいう「通報対象事実」には、法改正により、これまでの刑事罰の対象となる事実に、行政罰（過料）の対象となる事実が新たに加わる（二条三項の改正。その結果、改正法施行後は、通報の対象となる法律に「短時間労働者及び有期雇用労働者の雇用管理の改善等に関する法律」等、過料制裁についてのみ定める法律も加わる）ことになった。

「この法律は、公布の日から起算して二年を超えない範囲内において政令で定める日から施行する」。改正法の附則は、一条本文でこのように規定するが、令和四年一月四日政令第八号により、施行日も同年六月一日と決まった。

改正法附則三条一項は「内閣総理大臣は、この法律の施行前においても、新法第十一条第四項から第七項までの規定の例により、事業者がとるべき措置に関する指針を定めることができる」と定め、一条ただし書により、当該規定は公布の日（令和二年六月十二日）から施行するともされている。

これを受け、令和三年八月二十日には内閣府告示第百十八号として「公益通報者保護法第十一条第一項及び第二項の規定に基づき事業者がとるべき措置に関して、その適切かつ有効な実施を図るために必要な指針」が告示され、同年十月十三日には消費者庁によってその解説が公表されている。

改正公益通報者保護法が事業者に要求する措置が生半可なものでないことは、これらの指針や解説を一読してもわかる。相当の覚悟をもって臨む必要があろう。

補　学校法人改革の行方

「近年、大学を設置している学校法人では経営を巡る不祥事が多数起こり、理事長が懲役の実刑判決を受けたり、理事が背任容疑で逮捕されたりする例が相次ぎ、大きな社会問題となっている」。

令和三年十二月三日、文部科学大臣直属の会議として設置された「学校法人ガバナンス改革会議」がとりまとめた報告書「学校法人ガバナンスの抜本的改革と強化の具体策」はその冒頭において、このように述べる。

学外者のみによって構成される評議員会を学校法人の最高監督・議決機関として位置づけるとともに、理事の選任・解任も評議員会が行う（いつでも評議員会の決議によって解任することができる）ものとする。具体的には、そのような改革案が提示されている。

しかし、不祥事を防止するためというのであれば、改正公益通報者保護法に定める内部通報制度の整備拡充を図ることによって、その目的は十分達成できる。

過料制裁規定を罰則として定める私立学校法も、右の改正法が施行された暁には、公益通報の対象となる法律に加えられる。

報告書は一方で「学校法人の経営力の強化が喫緊の課題」というが、学校法人の経営に関与したことのない学外者のみによって構成される評議員会に、経営力の強化を期待することにはそもそも無理がある。ガバナンス改革の名のもとに、経営の活力が失われては元も子もない。こう考えるのは、おそらく筆者だけではあるまい。

（令和四年一月二十八日）

第三七話　法令を読み解く（5）

産休・育休期間の経済的支援

休業期間中、使用者は賃金の支払い義務を負わない。産前産後の休業（産休）であれ、育児休業（育休）であれ、ノーワーク・ノーペイの原則は、ここでも貫かれる。

他方、民間企業の場合、出産に当たっては健康保険法百一条の規定に基づき、出産育児一時金（以前の分娩費）が支給されるほか、産休期間中は、同法百二条の規定に基づき、出産手当金が支給される。

また、育休期間中は、雇用保険法六十一条の七の規定に基づき、育児休業給付金が支給される。

これらの手当金や給付金については、健康保険法六十二条および雇用保険法六十一条の六第二項（十二条を準用）の規定によって、非課税扱いとなる。

さらに、産休や育休期間中は、健康保険法百五十九条および百五十九条の三、厚生年金保険法八十一条の二および八十一条の二の二の規定により、保険料の徴収も免除される。

したがって、出産手当金の額（直近の一二か月間における各月の標準報酬月額の三〇分の一に相当する額の三分の二に相当する額、健康保険法百二条（九十九条二項を準用））や育児休業給付金の額（休業開始時の賃金の一〇〇分の五〇（休業開始日から一八〇日間は一〇〇分の六七）に相当する額、雇用保険法六十一条の七第五項）が従前の賃金額をある程度下回るとしても、可処分所得の差は実際には見かけほど大きくはない。

一時は育児休業給付金の額を休業開始時の賃金の一〇〇分の八〇にまで引上げるという話も厚生労働大臣からあったが、いつの間にか沙汰止みとなった。

雇用調整助成金の支給額が五兆円を優に超え（令和三年十二月三十一日現在、緊急雇用安定助成金を含め五兆一五三七億六六〇〇万円）、雇用保険の保険料引上げが避けられない状況のもとでは当然ともいえるが、出産手当金の額も同時に引上げなければ、均衡がとれなくなる。産休から育休に移行するのが最も自然である以上、育休に入れば、産休期間中よりも給付額が増えるというのはおかしい。そんな疑問もなくはなかった。

ただ、社会保険料の徴収免除については、育休が産休に先行する。育休に係る徴収免除についても、健康保険と厚生年金保険の間で施行時期に微妙なズレがあった。すなわち、次のようなプロセスを現実にはたどることになった。

(1)　育休期間中の厚生年金保険の保険料免除

国民年金法等の一部を改正する法律（平成十二年三月三十一日法律第十八号）第四条

により、厚生年金保険法に八十一条の二を新設。平成十二年四月一日施行。

(2) 育休期間中の健康保険の保険料免除

健康保険法等の一部を改正する法律（平成十二年十二月六日法律第百四十号）第一条により、七十一条ノ三ノ二を新設。平成十三年一月一日施行。なお、同条は、健康保険法の現代語化を実現した健康保険法等の一部を改正する法律（平成十四年八月二日法律第百二号）第一条により、百五十九条に移行（平成十四年十月一日施行）。

(3) 産休期間中の厚生年金・健康保険の保険料免除

「公的年金制度の財政基盤及び最低保障機能の強化等のための国民年金法等の一部を改正する法律」（平成二十四年八月二十二日法律第六十二号）第三条により、厚生年金保険法に八十一条の二の二を、第二十五条により、健康保険法に百五十九条の三をそれぞれ新設。平成二十六年四月一日施行（改正法附則一条四号、平成二十五年五月十日政令第百三十六号による）。

なお、文部科学省共済組合、公立学校共済組合または私立学校教職員共済制度の組合員または加入者である国公私立大学の教職員の場合、右の保険料免除は掛金等（掛金および加入者保険料）の徴収免除という形態をとる。

このことを含め、産休・育休期間における経済的支援制度の概要を国公私立大学の別に示すと、およそ次のようになる。

【国立大学／国家公務員共済組合法】

①出産費（健康保険法にいう出産育児一時金に相当、以下同じ）：　六十一条一項
②出産手当金：　六十七条（手当金の額については六十六条二項を準用）
③育児休業手当金（雇用保険法にいう育児休業給付金に相当、以下同じ）：　六十八条の二（ただし、同条四項により、雇用保険法に定める育児休業給付金の支給を受ける）
④非課税：　①②については四十九条、③については雇用保険法六十一条の六第二項
⑤掛金等の免除：　百条の二（育休）、百条の二の二（産休）

【公立大学／地方公務員等共済組合法】

①出産費：　六十三条一項
②出産手当金：　六十九条（手当金の額については六十八条二項を準用）
③育児休業手当金：　七十条の二（ただし、同条四項により、雇用保険法に定める育児休業給付金の支給を受ける）
④非課税：　①②については五十二条、③については雇用保険法六十一条の六第二項
⑤掛金等の免除：　百十四条の二（育休）、百十四条の二の二（産休）

【私立大学／私立学校教職員共済法】

①出産費：　二十五条（国家公務員共済組合法六十一条一項を準用）
②出産手当金：　二十五条（国家公務員共済組合法六十七条を準用）

③　育児休業給付金‥　雇用保険法六十一条の七
④　非課税‥　①②については五条、③については雇用保険法六十一条の六第二項
⑤　掛金等の免除‥　二十八条二項（育休）、同条四項（産休）
人事労務担当者であれば、いずれも一度は目を通すべき条文といえよう。

補　非常勤職員の産休有給化

こうしたなか、令和三年十二月一日には、人事院規則一五―一五（非常勤職員の勤務時間及び休暇）が改正され、令和四年一月一日には、これが施行される運びとなる。

常勤職員については、従前から産前産後の休暇が有給休暇として付与されていた（人事院規則一五―一四（職員の勤務時間、休日及び休暇）二十二条一項六号および七号）が、非常勤職員についても、同様の取扱いが認められる（人事院規則一五―一五第四条一項十号および十一号）。

しかも、産休については、有給休暇としての取扱い対象を「人事院の定める非常勤職員に限る」といった制限を設けない。こうした大胆というほかない規則改正が実現をみる。

例えば、常勤職員と非常勤職員の双方について新たに有給休暇として付与することが認められた不妊治療に係る通院等のための休暇の場合、対象となる非常勤職員は人事院規則一五―一五の運用通知により「一週間の勤務日が三日以上とされている職員又は週以外の

期間によって勤務日が定められている職員で一年間の勤務日が百二十一日以上であるものであって、六月以上の任期が定められているもの又は六月以上継続勤務しているもの」に限られている（なお、今回の人事院規則一五―一五の改正により、非常勤職員に対しても有給休暇として付与することが認められた、妻の出産に伴う二種類の休暇についても、同様の制限が付されている）。

他方、年金制度の機能強化のための国民年金法等の一部を改正する法律（令和二年六月五日法律第四十号）第十五条による国家公務員共済組合法二条一項一号（「職員」の定義）の改正により、令和四年十月一日には、健康保険に現在加入している週二〇時間以上勤務の非常勤職員二八万人（被扶養者と合わせると三八万人）が国家公務員共済組合に一挙に加入することが予定されている。

国家公務員共済組合の負担を少しでも減らしたい。出産手当金相当額くらいは、税金に肩代わりしてもらいたい。産休の有給化には、そんな思惑もあるのではないか。だとすれば、そうした条件に欠ける法人としては、それが非常勤職員の待遇改善につながるとしても、追随などできないという話になろう。

（令和四年二月十四日）

第三八話　法令を読み解く（６）

育児・介護休業法の改正⑴

令和三年六月九日、この年の法律第五十八号として公布をみた法律に「育児休業、介護休業等育児又は家族介護を行う労働者の福祉に関する法律及び雇用保険法の一部を改正する法律」がある。

施行日が違うことから、「育児休業、介護休業等育児又は家族介護を行う労働者の福祉に関する法律」（育児・介護休業法）の改正は、第一条から第三条までの三条に分けて、これが行われた。

以下では、このうち令和四年四月一日を施行日とする第一条の規定について、まず検討を行うこととする。例えば、当該改正により、育児・介護休業法五条は、次のような規定に改められる（傍線部が改正箇所）。

（育児休業の申出）

第五条　労働者は、その養育する一歳に満たない子について、その事業主に申し出ることにより、育児休業をすることができる。ただし、期間を定めて雇用される者にあっては、その養育する子が一歳六か月に達する日までに、その労働契約（略）が満了することが明らかでない者に限り、当該申出をすることができる。

２〜７　略

その趣旨は、有期雇用労働者の育児休業取得要件のうち「事業主に引き続き雇用された期間が一年以上である者」であることという要件を廃止することにあるが、以下のように定める六条の規定は、そのまま維持される。

（育児休業申出があった場合における事業主の義務等）

第六条　事業主は、労働者からの育児休業申出があったときは、当該育児休業申出を拒むことができない。ただし、当該事業主と当該労働者が雇用される事業所の労働者の過半数で組織する労働組合があるときはその労働組合、その事業所の労働者の過半数で組織する労働組合がないときはその労働者の過半数を代表する者との書面による協定で、次に掲げる労働者のうち育児休業をすることができないものとして定められた労働者に該当する労働者からの育児休業申出があった場合は、この限りでない。

一　当該事業主に引き続き雇用された期間が一年に満たない労働者

二　略

２　前項ただし書の場合において、事業主にその育児休業申出を拒まれた労働者は、前条第一項……の規定にかかわらず、育児休業をすることができない。

3・4　略

つまり、事業主に引き続き雇用された期間が一年未満である有期雇用労働者を育児休業の対象から除外するためには、無期雇用労働者と同様に労使協定の締結が必要になった。このように考えると、わかりやすい（なお、同趣旨の改正は、介護休業の申出についても行われている。十一条一項の改正）。

他方、育児・介護休業法二十一条および二十二条の規定は、次のように改められる（旧二十一条は二十一条の二に、旧二十二条は改正後の同条二項にそれぞれ移行）。

（妊娠又は出産等についての申出があった場合における措置等）

第二十一条　事業主は、労働者が当該事業主に対し、当該労働者又はその配偶者が妊娠し、又は出産したことその他これに準ずるものとして厚生労働省令で定める事実を申し出たときは、厚生労働省令で定めるところにより、当該労働者に対して、育児休業に関する制度その他の厚生労働省令で定める事項を知らせるとともに、育児休業申出に係る当該労働者の意向を確認するための面談その他の厚生労働省令で定める措置を講じなければならない。

2　事業主は、労働者が前項の規定による申出をしたことを理由として、当該労働者に対して解雇その他不利益な取扱いをしてはならない。

（雇用環境の整備及び雇用管理等に関する措置）

第二十二条　事業主は、育児休業申出が円滑に行われるようにするため、次の各号のいずれかの措置を講じなければならない。

一　その雇用する労働者に対する育児休業に係る研修の実施

二　育児休業に関する相談体制の整備

三　その他厚生労働省令で定める育児休業に係る雇用環境の整備に関する措置

２　略

そこにいう厚生労働省令も、令和三年九月三十日厚生労働省令第百六十九号として既に公布されており、育児・介護休業法二十一条一項の措置には、面談のほか、書面の交付や電子メール等の送信が含まれ（育児・介護休業法施行規則六十九条の四）、同法二十二条一項三号の措置としては、育児休業の取得に関する事例の収集や提供、育児休業の取得促進に関する方針の周知がこれに該当する（同法施行規則七十一条の二）とされている。

さらに、以上に加え、令和三年九月三十日厚生労働省告示第三百六十五号は、「子の養育又は家族の介護を行い、又は行うこととなる労働者の職業生活と家庭生活との両立が図られるようにするために事業主が講ずべき措置等に関する指針」に、法第二十一条第一項の「取得を控えさせるような形での個別周知及び意向確認の措置の実施は、法第二十一条第一項の措置の実施とは認められない」こと、および法第二十二条第一項の「雇用環境の整備の措置を講ずるに当たっては、短期はもとより一か月以上の長期の休業の取得を希望する労働者が希望するとおりの期間の休業を申出し取得できるように配慮すること」について、新たに定めを置くものとなっている。

育児休業に関する規制強化がまた一歩進む。人事労務担当者ならずとも、そのことだけは覚悟しておく必要があろう。

補　育児休業法制化の歴史

文部省編『学制百二十年史』（ぎょうせい、平成四年）第三編第四章第五節二「育児休業法の制定」は、次のように述べる。

「女子教員の増加傾向を背景として、昭和四十年代になって、女子教員に育児休業制度を設けることについて関係者の要望が高まり、四十二年から数回にわたり、議員提案により、その制度化のための法案が提出されてきたが、いずれも審議未了となっていた。四十七年には、勤労婦人福祉法が制定施行され、その中で、事業主に対して育児休業の実施についての努力義務を課した。このようなことを背景として、育児休業の対象として、女子教育職員のほか、看護婦、保母等も対象とすることとして、議員提案による『義務教育諸学校等の女子教育職員及び医療施設、社会福祉施設等の看護婦、保母等の育児休業に関する法律』が、五十年の第七五回国会において与野党議員一致の下に可決成立した（注：昭和五十一年四月一日施行)。

この法律による育児休業制度においては、国・公立学校の女子教育職員が、その子供が一歳に達するまでの期間を限度として、任命権者が定める期間を育児休業できること、育児休業の許可に際して任命権者は代替教職員を臨時的に任用するものとすること、育児休業期間中は無給とするが、当分の間、育児休業給として共済掛金相当額を支給されることとされた」。

右にいう勤労婦人福祉法の育児休業の実施に関する努力義務規定とは、次の規定を指す。

（育児に関する便宜の供与）

第十一条　事業主は、その雇用する勤労婦人について、必要に応じ、育児休業（事業主が、乳児又は幼児を有する勤労婦人の申出により、その勤労婦人が育児のため一定期間休業することを認める措置をいう。）の実施その他の育児に関する便宜の供与を行なうように努めなければならない。

「日本の法律にその言葉が書かれたのは、このときが初めてだった」と、男女雇用機会均等法（勤労婦人福祉法の改正法）の生みの親、赤松良子氏はいう（令和三年十二月十七日付け『日本経済新聞』「私の履歴書」）。育児休業には、そんな歴史もあったのである。

（令和四年二月二十八日）

第三九話　法令を読み解く（7）

育児・介護休業法の改正⑵

「育児休業、介護休業等育児又は家族介護を行う労働者の福祉に関する法律及び雇用保険法の一部を改正する法律」（令和三年六月九日法律第五十八号。改正法）第二条の主たる目的は、出生時育児休業制度の創設にある。

同条は、令和三年九月二十七日政令第二百六十七号により、後述する第五条とともに、令和四年十月一日がその施行日とされた。

「育児休業、介護休業等育児又は家族介護を行う労働者の福祉に関する法律」（育児・介護休業法）に新設された九条の二から始まる出生時育児休業に関する条文（全四条）は、それだけでも四二〇〇字を超える。

冒頭に位置する九条の二第一項によれば、出生時育児休業とは「育児休業のうち、この条から第九条の五までに定めるところにより、子の出生の日から起算して八週間を経過する日の翌日まで（略）の期間内に四週間以内の期間を定めてする休業をいう」。

出生時育児休業は、二回までの分割取得が可能（九条の二第二項一号）であり、これに合わせて、現行の育児休業についても、二回までの分割取得が認められることになった（五条二項の改正）。

また、原則として休業の一か月前までに申出を行うことが必要となる現行の育児休業（六条三項）とは異なり、出生時育児休業については、二週間前までに申出を行えばよい（九条の三第三項）ことになった。

ただ、分割取得にせよ、申出期限にせよ、実際の条文はストレートにこれを定めた規定とはなっていない。読解が容易でないことは覚悟したほうがよい。

さらに、出生時育児休業については、現行の育児休業とは違い、休業期間中の就業も、労使協定の締結や労働者の申出・同意を条件として可能になる。二項および四項で以下のように定める九条の五がそれである。

２　出生時育児休業申出をした労働者（事業主と当該労働者が雇用される事業所の労働者の過半数で組織する労働組合があるときはその労働組合、その事業所の労働者の過半数で組織する労働組合がないときはその労働者の過半数を代表する者との書面による協定で、出生時育児休業期間中に就業させることができるものとして定められた労働者に該当するものに限る。）は、当該出生時育児休業申出に係る出生時育児休業開始予定日とされた日の前日までの間、事業主に対し、当該出生時育児休業申出に係る出生時育児休業期間において就業することができる日その他の厚生労働省令で定める事項（以下この条において「就業可能日等」という。）を申し出ることができる。

4　事業主は、労働者から第二項の規定による申出（略）があった場合には、当該申出に係る就業可能日等（略）の範囲内で日時を提示し、厚生労働省令で定めるところにより、当該申出に係る出生時育児休業開始予定日とされた日の前日までに当該労働者の同意を得た場合に限り、厚生労働省令で定める範囲内で、当該労働者を当該日時に就業させることができる。

（注：就業可能日等の変更や申出・同意の撤回については、三項および五項で規定）。

なお、令和三年九月三十日厚生労働省令第百六十六号によって改正をみた育児・介護休業法施行規則は、二十一条の十七で、①就業日数の合計が出生時育児休業期間の所定労働日数の二分の一（例：所定労働日数が週五日の場合、二週間の休業で五日）以下であること、②就業日における労働時間の合計が出生時育児休業期間における所定労働時間の合計の二分の一（例：所定労働時間が週四〇時間の場合、休業二週間で四〇時間）以下であること等を、右にみた九条の五第四項の「厚生労働省令で定める範囲」として規定している。

こうした省令の内容にも注意したい。

他方、雇用保険法の一部改正を目的とした第五条により、新たに出生時育児休業給付金に関する定めが、雇用保険法六十一条の八として置かれることになった。

同条は、単独で二五〇〇字近くにもなる長い条文であるが、給付金の支給要件や支給額は、六十一条の七に規定する育児休業給付金と基本的に異ならない。

つまり、休業開始日前二年間に、賃金支払基礎日数が一一日以上ある月が一二か月以上あることが支給要件とされ（六十一条の八第一項および三項）、一八〇日目までの育児休業給付金と同様、休業開始時賃金日額に支給日数（最大で二八日）を乗じて得た額の六七％が支給額となる（同条四項）。

出生後八週間は、出産した女性にとっては産後休業期間に当たる。そこで、男性版産休と呼ばれることもあるとはいえ、厚生労働省が出生時育児休業に付けた愛称は、産後パパ育休であった。

雇用保険から育児休業給付金類似の給付金を支給することは可能であっても、健康保険から男性にまで出産手当金を支給するわけには到底いかない。右の命名には、そんな配慮もあったように思われる。

以上のほか、改正法第三条の規定により、令和五年四月一日に施行される育児・介護休業法の新設規定に次のものがある。

（育児休業の取得の状況の公表）

第二十二条の二　常時雇用する労働者の数が千人を超える事業主は、厚生労働省令で定めるところにより、毎年少なくとも一回、その雇用する労働者の育児休業の取得の状況として厚生労働省令で定めるものを公表しなければならない。

ちなみに、右の規定は、条文そのものからは判読できないものの、もっぱら男性労働者をターゲットとするものとなっている。

すなわち、配偶者が出産した男性労働者に占める、育児休業を取得した男性労働者の割合等が公表すべきデータとなる（令和三年十一月三十日厚生労働省令第百八十四号により、追加された育児・介護休業法施行規則七十一条の四を参照）。

女性から男性へ。今回の法改正を通じて、国が育児休業を取得させるべきと考える対象は明らかに変化した。以上を要するに、こうもいうことができよう。

補　当分の間／当面の間

改正法附則第三条がそうであったように、法改正に当たって法令に経過措置等を定める場合、「当分の間」と不確定期限を付すことがしばしばある。

「当分の間」といわず、それが差し当たりの対応や問題であることを指し示すために、法令上、「当面」という言葉が使用される場合もなくはない。

卑近な例としては、「国立大学法人等の所有に属する土地等であって、当該業務のために現に使用されておらず、かつ、当面これらのために使用されることが予定されていないものを貸し付けること」を条件付きで国立大学法人等に認めた、国立大学法人法三十四条の二の規定が挙げられる（他に、民法九百九条の二ほかを参照）。

こうしたなか、最近では、法令の世界でもついに「当面の間」という言葉が登場するに至った。

いずれもきわめてマイナーな省令の改正附則であるが、建設業法施行規則の附則（平成二十七年十二月十六日国土交通省令第八十三号）第三条一項、ならびに保険医療機関及び保険医療養担当規則、保険薬局及び保険薬剤師療養担当規則の附則（平成二十八年三月四日厚生労働省令第二十七号）第三条一項および二項がそれである。

ある調査によれば、「当面の間」がマスコミで多用されるようになったのは、平成二十三年の東日本大震災以降であるという。「当面の間」は「当面」より長く、「当分」より短い印象を与える。それが多用の理由ではないかともされる（以上につき、『放送研究と調査』平成二十四年九月号一七頁を参照）。

街中の掲示や学生のレポートをみても、既に「当面の間」は、一定の市民権を獲得したかの感がある。筆者のような旧世代の人間にとっては違和感が残るものの、これも時代の流れと諦めるしかないのだろうか。


（令和四年三月十四日）

第四〇話　法令を読み解く（８）

特措法とは何だったのか

民主党政権時代に制定をみた新型インフルエンザ等対策特別措置法（特措法）は、令和三年に改正されるまで、次のように規定していた（以下、傍線は筆者による）。

（新型インフルエンザ等緊急事態宣言等）

第三十二条　政府対策本部長は、新型インフルエンザ等（国民の生命及び健康に著しく重大な被害を与えるおそれがあるものとして政令で定める要件に該当するものに限る。以下この章において同じ。）が国内で発生し、その全国的かつ急速なまん延により国民生活及び国民経済に甚大な影響を及ぼし、又はそのおそれがあるものとして政令で定める要件に該当する事態（以下「新型インフルエンザ等緊急事態」という。）が発生したと認めるときは、新型インフルエンザ等緊急事態が発生した旨及び次に掲げる事項の公示（第五項及び第三十四条第一項において「新型インフルエンザ等緊急事態宣言」という。）をし、並びにその旨及び当該事項を国会に報告するものとする。

一　新型インフルエンザ等緊急事態措置を実施すべき期間
二　新型インフルエンザ等緊急事態措置（略）を実施すべき区域
三　新型インフルエンザ等緊急事態の概要
2～6　略

これを受け、特措法施行令は、次のようにその要件を定めていた。

（新型インフルエンザ等緊急事態の要件）

第六条　法第三十二条第一項の新型インフルエンザ等についての政令で定める要件は、当該新型インフルエンザ等にかかった場合における肺炎、多臓器不全又は脳症その他厚生労働大臣が定める重篤である症例の発生頻度が、感染症法第六条第六項第一号に掲げるインフルエンザにかかった場合に比して相当程度高いと認められることとする。

2　略

六条の見出しには「新型インフルエンザ等緊急事態の要件」とあるが、それは二項の話であって、一項は、厳密にはその対象となる「新型インフルエンザ等」の要件について定めたものとなっている。

そして、このような特措法と施行令の関係は、令和三年の法改正による「新型インフルエンザ等まん延防止等重点措置」の新設に伴い、下記の条文に引き継がれていく。

（新型インフルエンザ等まん延防止等重点措置の公示等）

第三十一条の四　政府対策本部長は、新型インフルエンザ等（国民の生命及び健康に著しく重大な被害を与えるおそれがあるものとして政令で定める要件に該当するものに限る。以下この章及び次章（注：新型インフルエンザ等緊急事態措置に関する章）において同じ。）が国内で発生し、特定の区域において、国民生活及び国民経済に甚大な影響を及ぼすおそれがある当該区域における新型インフルエンザ等のまん延を防止するため、新型インフルエンザ等まん延防止等重点措置を集中的に実施する必要があるものとして政令で定める要件に該当する事態が発生したと認めるときは、当該事態が発生した旨及び次に掲げる事項を公示するものとする。

一　新型インフルエンザ等まん延防止等重点措置を実施すべき期間

二　新型インフルエンザ等まん延防止等重点措置を実施すべき区域

三　当該事態の概要

２～６

（新型インフルエンザ等まん延防止等重点措置を集中的に実施すべき事態の要件）

第五条の三　法第三十一条の四第一項の新型インフルエンザ等についての政令で定める要件は、当該新型インフルエンザ等にかかった場合における肺炎、多臓器不全又は脳症その他厚生労働大臣が定める重篤である症例の発生頻度が、感染症法第六条第六項第一号に掲げるインフルエンザにかかった場合に比して相当程度高いと認められることとする。

２　略

右の施行令にいう「感染症法第六条第六項第一号に掲げるインフルエンザ」とは、季節性インフルエンザを指す。

そこで、緊急事態措置やまん延防止等重点措置が公示される場合には、例外なく「新型コロナウイルス感染症については」、「肺炎の発生頻度が季節性インフルエンザにかかった場合に比して相当程度高いと認められること」が注記されることになった。

確かに、当初は二〇二〇（令和二）年二月二十八日の中国における報告をもとに、肺炎の割合が新型コロナウイルス感染症の場合、一八・五％と、季節性インフルエンザの一・一～四・〇％に比べ高くなっていることが、そのエビデンスとして示されていた。

また、令和三年十一月十九日に公示された「基本的対処方針」以降、新型コロナウイルス感染症については、以下のようにその症状が具体的に記されることになる。

「潜伏期間は約五日間、最長一四日間とされている。感染後無症状のまま経過する者は二〇～三〇％と考えられており、感染者の約四〇％の患者は発症から一週間程度で治癒に向かうが、残りの患者（注：三〇～四〇％）は、発症から一週間程度で肺炎の症状（酸素飽和度の低下、高熱の持続、激しいせきなど）が明らかになり、約二〇％の患者では酸素投与が必要となり、約五％の患者が急性呼吸窮迫症候群（ＡＲＤＳ）に移行して人工呼吸器による治療を要すると考えられる」との記述がそれである。

しかし、デルタ株に関する記述であればともかく、感染力は強いものの、重症化率が低いとされるオミクロン株にも、こうした記述が当てはまるとは到底思えない。

楊井人文弁護士によると、「特措法を所管する内閣官房新型コロナウイルス等感染症対策推進室の担当者は、筆者（注：楊井弁護士）の取材に対し『肺炎等の発生頻度がインフルエンザより相当程度高い』という特措法施行令五条の三の規定について『承知している』としながら、『オミクロン株による肺炎等の発生頻度とインフルエンザとの比較調査はしておらず、この要件に当てはまるかどうか検討した資料もない』と答えた」という（以上、同弁護士の令和四年一月二十日付けネット記事「オミクロン株で肺炎の頻度は？　政府、インフルと比較調査せず『まん延防止措置』適用か　特措法違反の疑い」を参照）。

特措法にいう「国民の生命及び健康に著しく重大な被害を与えるおそれがある」という「新型インフルエンザ等」の要件をもっぱら肺炎の発生頻度にリンクさせたことにそもそも無理があり、施行令を実際の症状に合わせて改正しておけば、特措法違反などといった疑いは招かずにすんだ。こうもいうことができよう。

肺炎の発生頻度が低下したとしても、新型コロナウイルス感染症対策までが不要になるわけではない。緊急事態措置にせよ、まん延防止等重点措置にせよ、感染症対策は、これまでも試行錯誤で進めざるを得なかった。

なかには、失敗もあったし、行き過ぎもあった。そうした経験も、これを将来に活かすことができれば、決して無駄にはならない。

明確な理由こそわからないものの、わが国の新型コロナウイルス感染者数や死亡者数が、欧米諸国よりも一桁も二桁も少なかったこと【このことについては、**本書第二部第三章**を参照】は、誇りに思ってよい。

ワクチン接種も、場合によっては、その強制が認められる欧米諸国（例えば、医療施設（Centers for Medicare and Medicaid Services）のスタッフについて接種義務を課すことを認めた、米国の二〇二二年一月十三日連邦最高裁判決を参照）とは異なり、接種の勧奨しかできない環境のもとで、よくここまで進んだと思う。

コロナ禍にあっても、わが国は想像以上に健闘した。現在だけでなく、将来においてもそういえる国でありたい。

（令和四年三月二十八日）

第二部　思索編

—3 Articles

第一章　「労働時間の通算」に異議あり
――改定された副業・兼業ガイドライン

令和二年（二〇二〇年）九月一日、厚生労働省は、平成三十年（二〇一八年）一月に策定された「副業・兼業の促進に関するガイドライン」を改定し、これを公表した。同省のホームページには策定とあるものの、いずれも都道府県労働局長宛に発せられた厚生労働省労働基準局長名の通達、すなわち基発である（注１）。

労働時間は通算するが、副業・兼業先の労働時間は労働者個人の申告による。企業に過大な負担はかけない。ガイドラインの改定については、このような内容になることが検討段階から伝えられてきた。

労働時間の通算という原則は維持しつつ、通算のもとになる労働時間の算定＝時間管理については簡便な方法を認める。そうすれば、副業・兼業の促進につながる。ガイドラインの改定に当たった担当者は、このように考えたらしい。

だが、このままでは、副業・兼業の促進どころか、これを抑制することになりかねない。改定されたガイドラインを一読したときの、それが正直な感想であった。

労働時間の通算とは、いったい何を意味するのか。そこに、問題の核心はある。労働時間の通算が割増賃金の支払義務に直結することを、今回の改定は明確にした。労働時間が通算されることを念頭に置いて、副業・兼業の状況を十分に把握し、適切な措置を講じていなければ、使用者が安全配慮義務違反に問われる可能性があることも、改定後のガイドラインでは示唆されている。

具体的な適用場面を考えれば、副業・兼業をストレートに認めることなど到底できない。場合によっては、現状を維持しようとするだけでも問題は生じる。以下、このことを、順を追って確認していきたい。

一　百年の呪縛――工場法に始まる労働時間の通算

１　工場法の通算規定

大正五年（一九一六年）に施行された工場法（明治四十四年法律第四十六号）は、当初から次のような定めを置いていた（傍線は筆者による。以下、２～４においても同じ）。

第三条　工業主ハ十五歳未満（注：のち十六歳未満）ノ者及女子ヲシテ一日ニ付十二時間（注：のち十一時間）ヲ超エテ就業セシムルコトヲ得ス

②　主務大臣ハ業務ノ種類ニ依リ本法施行後十五年間ヲ限リ前項ノ就業時間ヲ二時間以内延長スルコトヲ得

③　就業時間ハ工場ヲ異ニスル場合ト雖前二項ノ規定ノ適用ニ付テハ之ヲ通算ス

二項および三項にいう就業時間には、労働基準法にいう労働時間とは異なり、休憩時間を含む。また、三項の「雖」は「いえども」と読む。さらに、工場法施行令二十一条一項は、その一方で職工名簿の調製および備付を工業主に対して義務づけるとともに、同法施行規則十六条に定める様式第二号は、このような幼年工および女工の「他工場ニ於ケル就業時間」についても、以下にみるように、これを雑欄に記載することを工業主に指示していた。

職工名簿記載心得【様式第二号】

七　雑欄ニハ［以下］ノ事項ヲ記載スヘシ

イ　女子及十五歳未満（注：のち十六歳未満）ノ男工カ同一日ニ於テ他工場ニモ就業スル場合ニ於テハ他工場ニ於ケル就業時間（工場法第三条第三項）

ロ　略

このような事情から、「工場ヲ異ニスル場合」とは、工業主が複数にわたる場合を含むとの解釈が支配的なものとなる。例えば、当時、工場監督官として工場法の施行に当たった吉阪俊蔵氏（のちにＩＬＯの帝国事務所長等を歴任）も、次のように述べる。

「就業時間は職工が同一日に於て工場を異にして就業する場合には、之を通算して原則を適用する。『工場を異にする』とは同一工業主の経営に属する場合と他の工業主の経営に属する場合とを含む。此場合には其旨職工名簿に記載を要するものであつて工業主は常に職工が他の工場に兼勤するや否やを注意せねばならぬ」（吉阪著『改正工場法論』（大東出版社、大正十五年）九二頁）。

ただ、このようにして就業時間が通算されるのは、あくまで工場法の適用を受ける幼年工や女工、いわゆる保護職工に限られ、女子および十六歳未満の男子使用人を適用対象とした商店法（昭和十三年法律第二十八号）や、十六歳以上の男子職工を適用対象とした工場就業時間制限令（昭和十四年勅令第百二十七号）には、就業時間の通算について定めた規定は置かれなかった。

2　労基法の通算規定

１でみた経緯を背景として、昭和二十二年に制定をみた労働基準法（法律第四十九号、労基法）は、三十八条で次のように規定することになる。

（時間計算）

第三十八条　労働時間は、事業場を異にする場合においても、労働時間に関する規定の適用については通算する。

②　略

とはいえ、労働基準法が使用者に対して調製を義務づけた労働者名簿（労基法百七条、同法施行規則五十三条、様式第十九号）および賃金台帳（労基法百八条、同法施行規則五十四条、様式第二十号および第二十一号）のいずれにおいても、「他の事業場における労働時間」の記載がもはや使用者に義務づけられることはなかった。

にもかかわらず、労基法の施行に合わせて昭和二十二年九月一日に誕生した労働省は、早くもその数か月後には、工場法の解釈をほぼそのまま踏襲する形で、労基法三十八条一項にいう「事業場を異にする場合」とは、使用者を異にする場合を含むとの立場を明らかにする。

以下にみる労働基準局長名の通達＝基発がそれである。

【事業場を異にする場合の意義】

問　本条において「事業場を異にする場合においても」とあるがこれを事業主を異にする場合も含むと解すれば個人の側からすれば一日八時間以上働いて収入を得んとしても不可能となるが、この際個人の勤労の自由との矛盾を如何にするか、又内職は差支えないとすればその区別の標準如何。

答　「事業場を異にする場合」とは事業主を異にする場合をも含む。なお内職云々については其の内職を行う者と発注者との間に使用従属関係があるか否かによって法の適用の有無が決定される。（昭和二十三年五月十四日付け基発第七百六十九号）（注２）

以来七〇余年、その姿勢にいまだ変化はみられない。百年以上続いた工場法の呪縛は、そう簡単には解けない。「副業・兼業の促進に関するガイドライン」が以下のように淡々と述べるのも、その証ということができよう（引用は改定版による）。

「労基法第三十八条第一項では『労働時間は、事業場を異にする場合においても、労働時間に関する規定の適用については通算する。』と規定されており、『事業場を異にする場合』とは事業主を異にする場合をも含む（労働基準局長通達（昭和二十三年五月十四日付け基発第七百六十九号））とされている」。

二　労働時間の通算が意味するもの①――通算を前提とした割増賃金の支払い

割増賃金の問題には、あえて言及しない。「副業・兼業の促進に関するガイドライン」にも、改定前には、そんな抑制した姿勢がみられた。

労働時間は通算するとはいうものの、副業や兼業の場合に割増賃金の支払いが必要になるかどうかは一般社会の常識に委ねる。後にみるように、労働時間そのものの解釈とかかわるものではあるが、例外的な場合を除き、割増賃金の支払いを不要とする解釈も不可能ではなかった。

しかるに、改定後のガイドラインは以下のように述べ、単刀直入に割増賃金の支払いが必要になるとする（引用箇所は、３　企業の対応　⑵　労働時間管理の一部）。

エ　時間外労働の割増賃金の取扱い

（ア）割増賃金の支払義務

各々の使用者は、自らの事業場における労働時間制度を基に、他の使用者の事業場における所定労働時間・所定外労働時間についての労働者からの申告等により、

・　まず労働契約の締結の先後の順に所定労働時間を通算し、

・次に所定外労働の発生順に所定外労働時間を通算することによって、それぞれの事業場での所定労働時間・所定外労働時間を通算した労働時間を把握し、その労働時間について、自らの事業場の労働時間制度における法定労働時間を超える部分のうち、自ら労働させた時間について、時間外労働の割増賃金（労基法第三十七条第一項）を支払う必要がある。

(イ) 割増賃金率

時間外労働の割増賃金の率は、自らの事業場における就業規則等で定められた率（二割五分以上の率。ただし、所定外労働の発生順によって所定外労働時間を通算して、自らの事業場の労働時間制度における法定労働時間を超える部分が一か月について六〇時間を超えた場合には、その超えた時間の労働のうち自ら労働させた時間については、五割以上の率。）となる（労基法第三十七条第一項）。

ガイドラインでは、「自らの事業場の労働時間制度における法定労働時間」といった言葉が多用されており、文意をつかみにくいものとなっているが、要するに「通算した労働時間について、法定労働時間を超える部分のうち、自ら労働させた時間」（上記二重線部分）については、時間外労働の割増賃金の支払いが必要になる。こういいたいのであろう。

しかし、これでは、A社（法定労働時間＝所定労働時間というシンプルなケースを仮定）

のフルタイム労働者がB社で副業すると、B社における副業時間は自動的にそのすべてが割増賃金の支払いが必要な時間になってしまう。そのような労働者をはたしてB社は雇うであろうか。

同じ仕事を同じ時間してもらっても、本業の時間次第で、割増賃金の支払いが必要になったり、ならなかったりする。そんな賃金制度に割増賃金をもらえなかった労働者が納得すると、本当に考えているのであろうか。

身近な例を挙げれば、本務校のある教員を非常勤講師として雇うと、本務校のない教員の場合に比べ、手当の額が割増賃金の分高くなる。仮にそうした事態になれば、いわゆる専業的非常勤講師は黙っていまい。

同一労働同一賃金以前の問題として、そのような制度が保つわけがない。そうした声も筆者の属する教育の世界では聞く（注３）。

「世間は活きて居る。理屈は死んで居る」（勝海舟。引用は、江藤淳・松浦玲編『氷川清話』（講談社学術文庫、平成十二年）三三八頁による）。一口にいえば、勝が認めなかった死んだ理屈の典型がここにはある。

なお、副業・兼業における割増賃金の支払義務について、筆者は、以下のように論じたことがある（拙著『現場からみた労働法――働き方改革をどう考えるか』（ジアース教育新社、平成三十一年）一四四～一四五頁。ただし、原文とは異なり、兼業と副業を入れ替えている）。現在も、その考え方に変わりはない。

仮に労働時間が通算されるとしても、「使用者が副業や兼業を命じたといった事実でもない限り、副業・兼業先の指揮命令下にある時間は、当の使用者にとっては、その指揮命令下にない以上、労働時間には当たらない（**三菱重工業長崎造船所事件＝平成十二年三月九日最高裁第一小法廷判決**を参照。なお、このことに関連して、判決は、労働者が行う準備行為等についても、『事業所内において行うことを使用者から義務付けられ、又はこれを余儀なくされたとき』に限定していることに注意）。

他社の業務に従事することを届出によって認知したとしても、それだけでは『労働させた』とはいえない（この点に関連して、労働基準法三十二条は『労働させてはならない』と定め、同法三十七条は『労働させた』場合に割増賃金の支払義務が使用者にあると規定していることに注意）。

健康への配慮は別に考えるとして、副業や兼業を推進するというのであれば、そうした解釈を行政当局が明確にすることも、今後は必要になろう」（注４）。

三　労働時間の通算が意味するもの②――通算を前提とした安全配慮義務

「裁判例を踏まえれば、原則、副業・兼業を認める方向とすることが適当である」。「副業・兼業の促進に関するガイドライン」は、改定前からこのように記していた。

しかし、そこでいう裁判例とは、就業規則等による副業・兼業の制限・禁止とかかわる事件の裁判例であって、裁判例を踏まえれば、逆の方向を目指すことが適当であると考えざるを得ないマターもある。安全配慮義務の問題がそれである。

例えば、この点に関連して、改定後のガイドラインは、先の引用部分に続き、総論的な考え方を示した後、次のようにいう（引用箇所は、３　企業の対応 ⑴　基本的な考え方の一部）。

ア　安全配慮義務

労働契約法第五条において、「使用者は、労働契約に伴い、労働者がその生命、身体等の安全を確保しつつ労働することができるよう、必要な配慮をするものとする。」とされており（安全配慮義務）、副業・兼業の場合には、副業・兼業を行う労働者を使用する全ての使用者が安全配慮義務を負っている。

副業・兼業に関して問題となり得る場合としては、使用者が、労働者の全体としての業務量・時間が過重であることを把握しながら、何らの配慮をしないまま、労働者の健康に支障が生ずるに至った場合等が考えられる。

このため、

・就業規則、労働契約等（略）において、長時間労働等によって労務提供上の支障がある場合には、副業・兼業を禁止又は制限することができることとしておくこと

・副業・兼業の届出等の際に、副業・兼業の内容について労働者の安全や健康に支障をもたらさないか確認するとともに、副業・兼業の状況の報告等について労働者と話し合っておくこと

・副業・兼業の開始後に、副業・兼業の状況について労働者からの報告等により把握し、労働者の健康状態に問題が認められた場合には適切な措置を講ずること

等が考えられる。

以上を要するに、副業・兼業についても、まず大前提として、業務量や時間等の状況を労働者の届出や報告等を通じて使用者が把握していること（労働者の安全や健康に支障をもたらさないかの確認を含む）が必要になる。

その上で、就業規則等において「長時間労働等によって労務提供上の支障がある場合には、副業・兼業を禁止又は制限することができる」ようにし、「労働者の健康状態に問題が認められた場合には適切な措置を講ずる」ことが使用者には求められる。それが、行政の基本的な考え方であるといってよい。

確かに、安全配慮義務の問題は、裁判所のマター（義務違反の有無は、ケース・バイ・ケースで裁判所が判断する）であって、本来、行政が判断基準を示すことができるような問題ではない（法令によってその判断基準を示すことも、事実上不可能）。

また、労働基準法や労働安全衛生法の解釈ならともかく、民法の特別法である労働契約法に定めが置かれている安全配慮義務について、一遍の行政通達（基発）をもってその解釈のあり方を示すことは、明らかに行き過ぎである。

とはいえ、行政がこれだけいっているのだから、労働者の副業・兼業についてその状況を十分に使用者が把握していないような場合には、裁判所としても安全配慮義務違反を認めないわけにはいかない。そう裁判官が考えたとしても、不思議ではない。

だが、世の中には、副業・兼業の時間等、その状況を把握することが困難な職種も少なくない。健康確保のための措置が必要というのであれば、労働者による疲労の蓄積が認められ、かつ、当該労働者の申出がある場合には、労働時間の長短にかかわらず医師による面接指導を実施するという方法もある（注５）。

このように、副業・兼業についても状況把握＝労働時間の通算を一律に義務づけようとすると、どうしても無理が生じる。こうした現実を直視し、一律規制（one-size fits all）の弊を改めないかぎり、おそらく問題は解決しまい。

四　残された選択肢――労働時間規制の適用除外

「個人事業主や委託契約・請負契約等により労働基準法上の労働者でない者として、または、労働基準法上の管理監督者として、副業・兼業を行う者については、労働基準法の労働時間に関する規定が適用されない」。

改定前の「副業・兼業の促進に関するガイドライン」は、こう述べていた。これが改定により、「次のいずれかに該当する場合は、その時間は通算されない」として、労働時間が通算されないケースが具体的に例示されることになる。

・労基法が適用されない場合（例　フリーランス、独立、起業、共同経営、アドバイザー、コンサルタント、顧問、理事、監事等）

・労基法は適用されるが労働時間規制が適用されない場合（農業・畜産業・養蚕業・水産業、管理監督者・機密事務取扱者、監視・断続的労働者、高度プロフェッショナル制度）

このうち、前者については、もっぱら副業・兼業先の就業形態を念頭に置いたものといえるが、後者については、本業において「管理監督者・機密事務取扱者」として、または

「高度プロフェッショナル制度」の適用を受ける者として働く者も、その労働時間は通算されない。改定の結果、このような解釈が可能になったともいうことができる（注６）。

ただ、仮に労働時間の通算については、これらのケースのいずれかに該当する場合にしか例外が認められないとすれば、前者の労基法が適用されない場合に限定して副業・兼業を認めるといった方法がとれない以上（注７）、後者にいう労働時間規制の適用除外の範囲を拡大する以外に道はない。それが、唯一の残された選択肢ということになろう。

アメリカの場合、いわゆるホワイトカラー・エグゼンプションの対象となる労働者だけでも、優に三〇〇〇万人を超える。

二〇二〇年一月一日には、標準となる収入要件を年収二万三六六〇ドルから三万五五六八ドルに引き上げることを内容とする改正規則が施行された（職務要件が大幅に緩和される高額報酬労働者に係る収入要件も、同時に一〇万ドルから一〇万七四三二ドルに引き上げられた）とはいえ、エグゼンプションの対象労働者は、同年一月一日以降も、総計三二一〇万人を数えるものとなっている（注８）。

他方、わが国の場合、適用除外の対象といえば、労基法四十一条二号に定める管理監督者が、現在もその大半を占める。

総務省統計局の「労働力調査」によると、管理的職業従事者の数は、平成二十一年の一六九万人が一〇年後の平成三十一年には一二八万人に減る等、年々減少する傾向にある。

そのすべてが労基法上の管理監督者に該当するとしても（ただし、これらの数値は、雇用者数ではなく、就業者数を表したものであることに注意）、その数はたかがしれている。

平成三十一年四月にスタートした、労基法四十一条の二に規定する「高プロ」に至っては、その利用者は四一四人を数えるにすぎない（令和二年六月二十日付け『日本経済新聞』朝刊の「『ジョブ型』、労働規制が壁／コロナ下の改革機運に水」を参照【令和三年三月末現在、五五二人】）。ほとんど利用されていないとしか、いいようがない。

アメリカに倣えとまではいわない。しかし、以上にみた現状を放置したままでは、副業・兼業の促進といっても、見果てぬ夢に終わる。それだけは確かといえよう。

注

（1）平成三十年一月三十一日付け基発〇一三一第二号、および令和二年九月一日付け基発〇九〇一第四号がこれに該当する（最近では、このように、年月日と基発の間に「付け」を入れるのが一般的となっており、本章もこれに従った）。なお、こうしたガイドラインの性格は、「労働時間の適正な把握のために使用者が講ずべき措置に関するガイドライン」（平成二十九年一月二十日付け基発〇一二〇第三号）とも共通している。詳しくは、拙稿「『労働時間の適正な把握のために使用者が講ずべき措置に関するガイドライン』は、局長通達だった」『現場からみた労働法２――雇用社会の現状をどう読み解くか』（ジアース教育新社、令和二年）二九一頁以下所収）を参照。

（２）　なお、ここまでの記述につき、拙稿「マルチジョブホルダーと労働法制」ＪＩＬ調査研究報告書一〇三号『労働市場・雇用関係の変化と法』（平成九年）三二一頁以下を参照。

（３）　割増賃金の問題を離れても、医師の副業・兼業については、そのための時間枠を別途設けるような措置を講じなければ、大学附属病院による地域診療の支援を不可能にするなど、診療活動に対する深刻な影響が懸念されることに注意。日本医師会「医師の特殊性を踏まえた働き方検討委員会」答申（令和二年六月）を参照【その後、医療法の改正（令和三年五月二十八日法律第四十九号、令和六年四月一日施行）により、他の病院に医師を派遣する病院については「特定地域医療提供機関」の指定を受けることが可能となった（百十八条）ものの、通算問題の解決というには程遠いものがある】。

（４）　労働時間の通算をどこの国でもみられる普遍的なルールと考えると、認識を誤る。例えば、アメリカの場合、公正労働基準法（Fair Labor Standards Act）三条(d)により、使用者Ａと使用者Ｂが共同使用者（joint employer）の関係にあれば、Ａ・Ｂはともに通算された労働時間について割増賃金の支払義務を負うことになるが、労働者の雇用について両者が連携する関係にない限り、このような事態が実際に生じる可能性はない。*See* Joint Employer Status Under the Fair Labor Standards Act (Final rule), 85 Federal Register 2820 (January 16, 2020).【アメリカ労働省は、バイデン政権のもとで、二〇二一年七月には、このトランプ政権時代に策定されたルールを取り消すことになる。*See* Recission of Joint Employer Status Under the Fair Labor Standards Act Rule, 86 FR 40939 (July 30, 2021). だが、双方の使用者は、労働者との関係において、互いに十分連携している場合に限り、共同使用者となるとのルールは、いわゆる垂直的共同雇用（horizontal joint employment）

の関係について古くから存在する、いわば確立した法理であり、現在もこのルールは維持されていることに注意。86 FR 40939-40940.】

(5) 詳しくは、拙稿「医師による面接指導と就業規則の改正」（前掲・注(1)『現場からみた労働法2』三二三頁以下所収）を参照。

(6) 改定前のガイドラインでは「労働基準法上の管理監督者として、副業・兼業を行う者」とされており、この点が明確ではなかった。

(7) このことに関連して、ガイドラインも、副業・兼業を就業規則により制限・禁止できる場合を、裁判例を根拠として、以下の①～④のいずれかに該当する場合に限るものとなっている(3　企業の対応　(1)　基本的な考え方　オ　副業・兼業の禁止又は制限)ことに注意。

① 労務提供上の支障がある場合

② 業務上の秘密が漏洩する場合

③ 競業により自社の利益が害される場合

④ 自社の名誉や信用を損なう行為や信頼関係を破壊する行為がある場合

(8) 以下の記述は、「エグゼンプションの日米比較」について論じた本書第一部第二話をもとにしている。なお、アメリカでは、教師や医師は収入の多寡にかかわらず、エグゼンプションの対象となる(収入要件が課せられない)ことにも注意。

（令和二年九月十四日～十八日）

第二章　新型インフルエンザ等対策特別措置法と要請

一　はじめに

「百貨店など休業要請」（読売新聞）、「大型店休業要請」（日本経済新聞）。令和三年四月二十四日の朝刊各紙は、前日午後に発出された三度目の緊急事態宣言について、このような見出しを一様に付して報道した。緊急事態宣言の発出を読者に印象づける例としては、きわめてわかりやすいからである。

事実、緊急事態宣言の発出を決定した第六二回新型コロナウイルス感染症対策本部会議では、菅義偉首相も会議の議論をまとめるなかで、次のように語ったとされている。

「今回の緊急事態宣言は、ゴールデンウィークの短期集中対策として、飲食の対策を強化するとともに、一旦人の流れを止めるための強力な措置を講じるものであります。飲食店において、酒類やカラオケの停止を要請します。デパートやテーマパークなどの休業を要請し、イベントやスポーツは原則無観客を要請します。テレワークや休暇により、出勤者の七割減を目指します」（以上、引用は首相官邸のＨＰ掲載記事による）。

とはいえ、菅首相が例示した措置のすべてがいわゆる緊急事態措置として講じられることになった、というわけではない。例えば、「デパートやテーマパークなどの休業」、プロ野球等の「無観客」開催の要請は、確かに新型インフルエンザ等対策特別措置法（特措法）に根拠のある要請ではあったが、同法に定める緊急事態措置に関する規定を根拠とするものではなかった。

感染拡大を防止するという大義の前には、この程度の内容が正確さを欠く「印象操作」も許される。そうした考え方もあるいはあろうが、法の支配（rule of law）に基礎を置く法治国家としてはどうか、といった疑問はやはり残る。

感染拡大の防止は、国家が追求すべき目標の一つではあっても、すべてではない。経済活動の維持はその一つであるが、教育機関においては、感染防止のために講じた措置が学生や生徒に与える影響＝副作用についても、十分な目配りが必要となる。

そうした教育機関としての責任は、行政の要請に従ったというだけで免責されるような筋合いのものではない。そのためにも、要請がいかなる性格のものであるか等についてはこれを正確に理解する必要がある。

二　特措法とその全体像

1　特措法と新型コロナウイルス感染症

特措法とは何か。同法に定める要請について理解するためには、その全体像をまず知ることが必要不可欠となる。

平成二十四年五月十一日法律第三十一号。この法律番号からもわかるように、特措法は民主党政権＝野田佳彦内閣のもとで制定をみた。

特措法のタイトルにもある「新型インフルエンザ等」は、同法二条一号により、当初「感染症法（注：感染症の予防及び感染症の患者に対する医療に関する法律を指す）第六条第七項に規定する新型インフルエンザ等感染症及び同条第九項に規定する新感染症（全国的かつ急速なまん延のおそれのあるものに限る。）をいう」と定義される。

そして、令和二年三月十三日、安倍晋三内閣のもと、特措法の附則（原始附則）に「次の一条を加える」旨の同法の一部改正法が公布される。

（新型コロナウイルス感染症に関する特例）

第一条の二　新型コロナウイルス感染症（病原体がベータコロナウイルス属のコロナウ

イルス（令和二年一月に、中華人民共和国から世界保健機関に対して、人に伝染する能力を有することが新たに報告されたものに限る。）であるものに限る。略）については、新型インフルエンザ等対策特別措置法の一部を改正する法律（令和二年法律第四号。同項において「改正法」という。）の施行の日から起算して二年を超えない範囲内において政令で定める日までの間は、第二条第一号に規定する新型インフルエンザ等とみなして、この法律及びこの法律に基づく命令（告示を含む。）の規定を適用する。

２・３　略

こうして、特措法附則一条の二第一項によって定義される「新型コロナウイルス感染症」は、同法二条一号に規定する「新型インフルエンザ等」とこれをみなすことにより、特措法および同法に基づく命令（実際には、政令である同法施行令を指す）や大臣告示の規定の適用を受けることになった。

しかし、特措法附則一条の二は、もはや存在しない。令和三年二月の法改正により、次のように感染症法六条が改められ（七項については、傍線部を追加。傍線は筆者による。以下同じ）、これに伴って、特措法二条一号にいう「感染症法第六条第七項に規定する新型インフルエンザ等感染症」に「新型コロナウイルス感染症」が含まれることになったからである。

（定義等）

第六条　この法律において「感染症」とは、一類感染症、二類感染症、三類感染症、四類感染症、五類感染症、新型インフルエンザ等感染症、指定感染症及び新感染症をいう。

２～６　略

７　この法律において「新型インフルエンザ等感染症」とは、次に掲げる感染性の疾病をいう。

一　新型インフルエンザ（新たに人から人に伝染する能力を有することとなったウイルスを病原体とするインフルエンザであって、一般に国民が当該感染症に対する免疫を獲得していないことから、当該感染症の全国的かつ急速なまん延により国民の生命及び健康に重大な影響を与えるおそれがあると認められるものをいう。）

二　再興型インフルエンザ（かつて世界的規模で流行したインフルエンザであってその後流行することなく長期間が経過しているものとして厚生労働大臣が定めるものが再興したものであって、一般に現在の国民の大部分が当該感染症に対する免疫を獲得していないことから、当該感染症の全国的かつ急速なまん延により国民の生命及び健康に重大な影響を与えるおそれがあると認められるものをいう。）

三　新型コロナウイルス感染症（新たに人から人に伝染する能力を有することとなったコロナウイルスを病原体とする感染症であって、一般に国民が当該感染症に対する免疫を獲得していないことから、当該感染症の全国的かつ急速なまん延により国民の生命及び健康に重大な影響を与えるおそれがあると認められるものをいう。）

四　再興型コロナウイルス感染症（かつて世界的規模で流行したコロナウイルスを病原体とする感染症であってその後流行することなく長期間が経過しているものとして厚生労働大臣が定めるものが再興したものであって、一般に現在の国民の大部分が当該感染症に対する免疫を獲得していないことから、当該感染症の全国的かつ急速なまん延により国民の生命及び健康に重大な影響を与えるおそれがあると認められるものをいう。）

８　以下、略

特措法の一部改正に伴う経過措置について定めた改正法(令和三年二月三日法律第五号)の附則（改正附則）二条の規定を除けば、「新型コロナウイルス感染症」という言葉自体が特措法には登場しない。こうした事実も知っておく必要があろう。

２　特措法に基づく要請の法的性格――従前の規定とその解釈

「都道府県対策本部長は、当該都道府県の区域に係る新型インフルエンザ等対策を的確かつ迅速に実施するため必要があると認めるときは、公私の団体又は個人に対し、その区域に係る新型インフルエンザ等対策の実施に関し必要な協力の要請をすることができる」。都道府県知事の充て職である都道府県対策本部長（注１）の権限について定めた特措法二十四条は、立法当初から現在に至るまで、九項でこのように規定する。

他方、令和三年二月十三日に改正法が施行されるまでは、緊急事態宣言の発出に伴ってとられる緊急事態措置に含まれる「まん延等の防止に関する措置」の一つとして、特措法四十五条が「感染を防止するための協力要請等」について、次のように規定していた。

（感染を防止するための協力要請等）

第四十五条　特定都道府県知事（注：緊急事態措置の実施対象とされた都道府県の知事（注２））は、新型インフルエンザ等緊急事態において、新型インフルエンザ等のまん延を防止し、国民の生命及び健康を保護し、並びに国民生活及び国民経済の混乱を回避するため必要があると認めるときは、当該特定都道府県の住民に対し、新型インフルエンザ等の潜伏期間及び治癒までの期間並びに発生の状況を考慮して当該特定都道府県知事が定める期間及び区域において、生活の維持に必要な場合を除きみだりに当該者の居宅又はこれに相当する場所から外出しないことその他の新型インフルエンザ等の感染の防止に必要な協力を要請することができる。

２　特定都道府県知事は、新型インフルエンザ等緊急事態において、新型インフルエンザ等のまん延を防止し、国民の生命及び健康を保護し、並びに国民生活及び国民経済の混乱を回避するため必要があると認めるときは、新型インフルエンザ等の潜伏期間及び治癒までの期間を考慮して当該特定都道府県知事が定める期間において、学校、社会福祉施設（通所又は短期間の入所により利用されるものに限る。）、興行場（略）その他の政令で定める多数の者が利用する施設を管理する者又は当該施設を使用して催物を開催する者（次項において「施設管理者等」という。）に対し、当該施設の使用の制限若しくは停止又は催物の開催の制限若しくは停止その他政令で定める措置を講ずるよう要請することができる。

３　施設管理者等が正当な理由がないのに前項の規定による要請に応じないときは、特定都道府県知事は、新型インフルエンザ等のまん延を防止し、国民の生命及び健康を保護し、並びに国民生活及び国民経済の混乱を回避するため特に必要があると認めるときに限り、当該施設管理者等に対し、当該要請に係る措置を講ずべきことを指示することができる。

４　特定都道府県知事は、第二項の規定による要請又は前項の規定による指示をしたときは、遅滞なく、その旨を公表しなければならない。

このことに関連して、令和二年四月七日に発出された一度目の緊急事態宣言（当初は七都府県を対象としていたが、同月十六日に対象範囲を全都道府県に拡大。期間延長後、五月二十五日に解除）では、四月二十三日付けで、各都道府県知事に宛て、内閣官房新型コロナウイルス感染症対策推進室長名で「第四十五条の規定に基づく要請、指示及び公表についてて」と題し、留意すべき事項等が、以下にみるように三点にわたって事務連絡という形で示されている。

一．**特措法第四十五条第二項及び第三項の規定に基づく要請及び指示の対象**

特措法第四十五条第二項及び第三項の規定に基づく要請及び指示は、施設を管理する者等に対して行われるものであり、使用制限等の対象も個別の施設となる。また、当該要請及び指示に伴う特措法第四十五条第四項の公表も、特定可能な個別の施設名等を広く周知することにより、当該施設に行かないようにするという合理的行動を確保することを考え方の基本としている。

したがって、第一段階として特措法第二十四条第九項の規定に基づく協力の要請を業種や類型毎に行ったのち、それに正当な理由がないにもかかわらず応じない場合に、第二段階として特措法第四十五条第二項の規定に基づく要請、次いで同条第三項の規定に基づく指示を個別の施設の管理者等に対して行い、その対象となった個別の施設名等を公表するものとする。なお、正当な理由とは、例えば、新型インフルエンザ等対策に関する重要な研究会等を実施する場合など、限定的に解釈されるものである。

公表の内容としては、要請（指示）の対象となる施設名及びその所在地、要請（指示）の内容、要請（指示）を行った理由を含むものとし、幅広く住民に周知するため、各都道府県のホームページ等での公表を基本とする。また、特措法第四十五条の規定に基づき個別の施設の管理者等に対して要請若しくは指示又は施設名等の公表を行う場合には、その対象となる予定の施設以外にも特措法第二十四条第九項の要請に応じていない施設があるか等をよく調査のうえ、実施するよう留意すること。

二．特措法第四十五条第二項及び第三項の規定に基づく要請及び指示の手続

特措法第四十五条第二項の規定に基づく要請は、行政手続法（平成五年法律第八十八号。以下「行手法」という。）第二条第六号の行政指導、特措法第四十五条第三項の規定に基づく指示は、行手法第二条第四号の不利益処分に該当すると考えられ、それぞれ行手法の規定に従うものとする（注：原文中の第二条に続く「第一項」は誤記のため削除。以下同じ）。

そのうえで、特措法第四十五条第二項の規定に基づく要請を行うためには、実地調

査により特措法第二十四条第九項の規定に基づく要請に従っていないことが認められること、また、その事実等を対象となる施設に通知（以下「事前通知」という。）してから一定期間を経過した日以降においても、なお同一の結果が認められること、が求められる。ここで、一定期間を経過した日とは、事前通知した日の翌日を基本とするが、事態の緊急性等に応じて、各都道府県知事によって判断するものとする（公益上、緊急に特措法第四十五条第二項の規定に基づく要請を行う必要がある場合等には、事前通知を必要としない）。また、法第四十五条第三項の規定に基づく指示に関しては、行手法第十三条第一項第二号の規定により弁明の機会の付与を行わなければならないが、同条第二項の規定により、公益上、緊急に不利益処分を行う必要がある場合には、弁明の機会の付与を行う必要はない。

なお、事前通知には、予定される要請の内容及びその根拠となる法令の条項、予定される公表の内容及びその根拠となる法令の条項、公表の方法、公表の予定日、要請及び公表の原因となる事実、要請及び公表の原因となる事実を是正する場合の問合せ先並びにその期限等を明示することとする。

三、特措法第四十五条第二項及び第三項の規定に基づく要請及び指示の要件

特措法第四十五条第二項に基づく要請は、同項で定められた要件である「新型インフ

民経済の混乱を回避するために必要があると認めるとき」に適合する必要がある。

　したがって、単に特措法第二十四条第九項の規定に基づく要請に従わないという理由だけで特措法第四十五条第二項の規定に基づく要請を行うのではなく、対象となる個別の施設が使用の継続を行う場合に、新型インフルエンザ等のまん延につながるおそれがあると認められる必要がある。これは、必ずしも現に対象となる個別の施設においてクラスターが発生している必要はないが、例えば、専門家の意見として、対象となる施設やその類似の環境（業種）が、クラスターが発生するリスクが高いものとして認識されていること等が求められるものと考えられる。

　また、特措法第四十五条第二項の規定に基づく要請に応じず、同条第三項の規定に基づく指示を行うときには、「新型インフルエンザ等のまん延を防止し、国民の生命及び健康を保護し、並びに国民生活及び国民経済の混乱を回避するために特に必要があると認めるとき」となっており、必ずしも現に対象となる個別の施設においてクラスターが発生している必要はないが、例えば、専門家の意見として、対象となる施設やその類似の環境（業種）が、クラスターが発生するリスクが高いものとして認識されている上に、当該施設において、いわゆる「三つの密」に当たる環境が発生し、クラスターが発生するリスクが高まっていることが実際に確認できる場合などが考えられる。

特措法四十五条三項に基づく指示は、行手法二条四号の不利益処分＝「行政庁が、法令に基づき、特定の者を名あて人として、直接に、これに義務を課し、又はその権利を制限する処分」に該当するが、特措法四十五条二項に基づく要請は、行手法二条六号の行政指導＝「行政機関がその任務又は所掌事務の範囲内において一定の行政目的を実現するため特定の者に一定の作為又は不作為を求める指導、勧告、助言その他の行為であって処分に該当しないもの」にとどまる。上記の事務連絡は、このようにいう。

したがって、相手方が特定されない特措法二十四条九項に基づく要請は、行手法二条六号の行政指導にすら該当しない。

事務連絡が「第一段階として特措法第二十四条第九項の規定に基づく協力の要請を業種や類型毎に行ったのち、それに正当な理由がないにもかかわらず応じない場合に、第二段階として特措法第四十五条第二項の規定に基づく要請、次いで同条第三項の規定に基づく指示を個別の施設の管理者等に対して行い、その対象となった個別の施設名等を公表するものとする」とした（傍線は筆者による。なお、特措法二十四条九項に基づく要請を経て、同法四十五条二項に基づく要請を行うという考え方（前置主義）は、後述するように、現在では採用されていない）のも、こうした理解によるものと考えてよい。

一度目の緊急事態宣言では、実際にもこのような手順が踏まれた（個別の施設名を公表する場合には、事務連絡にある「公表の内容としては、要請（指示）の対象となる施設名及びその所在地、要請（指示）の内容、要請（指示）を行った理由を含むものとし、幅広く住民に周知するため、各都道府県のホームページ等での公表を基本とする」との方針に沿った形で、公表が行われている）。

例えば、大阪府の「新型インフルエンザ等対策特別措置法に基づく施設の使用停止（休業）の要請を行った施設について（公表）」（令和二年四月二十四日）は、次のように述べた上で、六店のパチンコ店について、施設名のほか、その所在地、要請の内容および理由を公表するものとなっている。

> 大阪府では新型コロナウイルス感染症の防止対策のため、大阪府緊急事態措置により、令和二年四月十四日から感染の拡大につながるおそれのある府内の施設に対し、新型インフルエンザ等対策特別措置法第二十四条第九項に基づく、施設の使用制限等の協力要請を行ってきました。
> つきましては、令和二年四月二十四日現在において、営業を継続している以下の施設について、同日付で、同法第四十五条第二項に基づく施設の使用停止（休業）の要請を

行ったので公表します。

なお、行手法三十二条は、行政指導の一般原則について、以下のように規定している。特措法四十五条二項に基づく要請についても、この原則が当てはまることを銘記する必要があろう。

（行政指導の一般原則）

第三十二条　行政指導にあっては、行政指導に携わる者は、いやしくも当該行政機関の任務又は所掌事務の範囲を逸脱してはならないこと及び行政指導の内容があくまでも相手方の任意の協力によってのみ実現されるものであることに留意しなければならない。

２　行政指導に携わる者は、その相手方が行政指導に従わなかったことを理由として、不利益な取扱いをしてはならない。

三　特措法に定める要請とは何か

１　事業者等への要請に関する特措法の規定

政省令のみならず、大臣告示まで読まないと正確な意味がわからない。特措法もそんな法律であった。特措法の場合、省令（施行規則）こそ存在しなかったものの、その運用実態を知るためには、さらに事務連絡という名の「通達」に目を通す必要があった。

以下、このことを特措法に定める事業者等に対する要請についてみてみよう。

令和三年二月の法改正により新設された特措法「第三章の二　新型インフルエンザ等まん延防止等重点措置」には、「感染を防止するための協力要請等」について定めた三十一条の六が置かれる。以下にみる規定がそれである（大臣告示の引用条文は、同年四月三十日までの改正を加味したもの。以下同じ）が、同条一項に規定する要請の場合、要請内容が「営業時間の変更」と「政令で定める措置」に限られることにまず留意する必要がある（傍線部を参照）。

（感染を防止するための協力要請等）

第三十一条の六　都道府県知事は、……〔新型インフルエンザ等まん延防止等重点措置を実施すべき区域〕（以下この条において「重点区域」という。）における新型インフルエンザ等のまん延を防止するため必要があると認めるときは、新型インフルエンザ等の潜伏期間及び治癒までの期間並びに発生の状況を考慮して当該都道府県知事が定める期間及び区域において、新型インフルエンザ等の発生の状況についての政令で定める事項を勘案して措置を講ずる必要があると認める業態に属する事業を行う者に対し、営業時間の変更その他国民生活及び国民経済に甚大な影響を及ぼすおそれがある重点区域における新型インフルエンザ等のまん延を防止するために必要な措置として政令で定める措置（注：下記の新型インフルエンザ等対策特別措置法施行令五条の五に定める措置を指す）を講ずるよう要請することができる。

（重点区域におけるまん延の防止のために必要な措置）
第五条の五　法第三十一条の六第一項の政令で定める措置は、次のとおりとする。
一　従業員に対する新型インフルエンザ等にかかっているかどうかについての検査を受けることの勧奨
二　当該者が事業を行う場所への入場（以下この条において単に「入場」という。）をする者についての新型インフルエンザ等の感染の防止のための整理及び誘導
三　発熱その他の新型インフルエンザ等の症状を呈している者の入場の禁止
四　手指の消毒設備の設置
五　当該者が事業を行う場所の消毒
六　入場をする者に対するマスクの着用その他の新型インフルエンザ等の感染

の防止に関する措置の周知
七　正当な理由がなく前号に規定する措置を講じない者の入場の禁止
八　前各号に掲げるもののほか、……新型インフルエンザ等のまん延の防止のために必要な措置として厚生労働大臣が定めて公示するもの（注：大臣告示として定められた、下記の「新型コロナウイルス感染症のまん延の防止のために必要な措置及び同感染症の感染の防止のために必要な措置」一条に定める措置を指す。令和三年三月三十一日までは「施設の換気」に限る。同年四月一日以降、号表記に変わるとともに二号（飛沫の防止）が加わり、同月二十三日には三号（カラオケ機器等の使用停止）および四号（酒類の提供停止）が追加される。後述する二条に定める措置に同じ。）

（重点区域におけるまん延の防止のために必要な措置）

第一条　新型コロナウイルス感染症（病原体がベータコロナウイルス属のコロナウイルス（令和二年一月に、中華人民共和国から世界保健機関に対して、人に伝染する能力を有することが新たに報告されたものに限る。）である感染症をいう。以下同じ。）について、新型インフルエンザ等対策特別措置法施行令（平成二十五年政令第百二十二号。以下「令」という。）第五条の五第八号の規定を適用する場合においては、同号の新型インフルエンザ等のまん延の防止のために必要な措置は、次の各号に掲げるものとする。

一　当該者が事業を行う場所の換気

二　入場（令第五条の五第二号に規定する入場をいう。以下この号において同じ。）をする者等の会話等により飛散する飛沫《まつ》を遮ることができる板その他これに類するものの設置、入場をする者等相互の適切な距離の確保その他の入場をする者等の会話等により飛散する飛沫による新型コロナウイルス感染症の感染の防止に効果のある措置

三　入場をする者等の歌唱その他の飛沫《まつ》の飛散を伴う行為の用に供する設備、機器又は装置の使用の停止

四　入場をする者等に対する酒類の提供の停止（注：令和三年五月七日厚生労働省告示第百八十八号により、「入場をする者等に対する酒類の提供及び入場をする者等により持ち込まれた酒類を飲用に供するための場の提供の停止」と改正）

2　都道府県知事は、「新型インフルエンザ等まん延防止等重点措置を集中的に実施す

る必要のある事態」において、当該都道府県の住民に対し、前項の当該都道府県知事が定める期間及び区域において同項の規定による要請に係る営業時間以外の時間に当該業態に属する事業が行われている場所にみだりに出入りしないことその他の新型インフルエンザ等の感染の防止に必要な協力を要請することができる。

3　第一項の規定による要請を受けた者が正当な理由がないのに当該要請に応じないときは、都道府県知事は、国民生活及び国民経済に甚大な影響を及ぼすおそれがある重点区域における新型インフルエンザ等のまん延を防止するため特に必要があると認めるときに限り、当該者に対し、当該要請に係る措置を講ずべきことを命ずることができる（注：特措法八十条は、当該命令に違反した場合には、二〇万円以下の過料に処する旨を規定）。

4　都道府県知事は、第一項若しくは第二項の規定による要請又は前項の規定による命令を行う必要があるか否かを判断するに当たっては、あらかじめ、感染症に関する専門的な知識を有する者その他の学識経験者の意見を聴かなければならない。

5　都道府県知事は、第一項の規定による要請又は第三項の規定による命令をしたときは、その旨を公表することができる。

他方、特措法「第四章　新型インフルエンザ等緊急事態措置」が「まん延の防止に関する措置」（第二節）の一環として、「感染を防止するための協力要請等」について規定する四十五条に関しては、その内容が平成三年二月の法改正により、以下のように改められることになる（傍線および二重取消し線を引いた部分が改正箇所）。

（感染を防止するための協力要請等）

第四十五条　略（一項については、改正なし）

２　特定都道府県知事は、新型インフルエンザ等緊急事態において、新型インフルエンザ等のまん延を防止し、国民の生命及び健康を保護し、並びに国民生活及び国民経済の混乱を回避するため必要があると認めるときは、新型インフルエンザ等の潜伏期間及び治癒までの期間並びに発生の状況を考慮して当該特定都道府県知事が定める期間において、学校、社会福祉施設（通所又は短期間の入所により利用されるものに限る。）、興行場（略）その他の政令（注：下記の新型インフルエンザ等対策特別措置法施行令十一条を指す）で定める多数の者が利用する施設を管理する者又は当該施設を使用して催物を開催する者（次項及び第七十二条第二項（注：立入検査等に関する規定）において「施設管理者等」という。）に対し、当該施設の使用の制限若しくは停止又は催物の開催の制限若しくは停止その他政令（注：下記の新型インフルエンザ等対策特別措置法施行令十二条を指す）で定める措置を講ずるよう要請することができる。

（使用の制限等の要請の対象となる施設）

第十一条　法第四十五条第二項の政令で定める多数の者が利用する施設は、次のとおりとする。ただし、第三号から第十四号までに掲げる施設にあっては、その建築物の床面積の合計が千平方メートルを超えるものに限る。

一　学校（第三号に掲げるものを除く。）

二　保育所、介護老人保健施設その他これらに類する通所又は短期間の入所により利用される福祉サービス又は保健医療サービスを提供する施設（通所又は短期間の入所の用に供する部分に限る。）

三　学校教育法（略）第一条に規定する大学、同法第百二十四条に規定する専修学校（略）、同法第百三十四条第一項に規定する各種学校その他これらに類する教育施設

四　劇場、観覧場、映画館又は演芸場

五　集会場又は公会堂

六　展示場

七　百貨店、マーケットその他の物品販売業を営む店舗（食品、医薬品、医療機器その他衛生用品、再生医療等製品又は燃料その他生活に欠くことができない

物品として厚生労働大臣が定めるものの売場を除く。）
八　ホテル又は旅館（集会の用に供する部分に限る。）
九　体育館、水泳場、ボーリング場その他これらに類する運動施設又は遊技場
十　博物館、美術館又は図書館
十一　キャバレー、ナイトクラブ、ダンスホールその他これらに類する遊興施設
十二　理髪店、質屋、貸衣装屋その他これらに類するサービス業を営む店舗
十三　自動車教習所、学習塾その他これらに類する学習支援業を営む施設
十四　飲食店、喫茶店その他設備を設けて客に飲食をさせる営業が行われる施設（第十一号に該当するものを除く。）
十五　第三号から前号までに掲げる施設であって、その建築物の床面積の合計が千平方メートルを超えないもののうち、新型インフルエンザ等緊急事態において、新型インフルエンザ等の発生の状況、動向若しくは原因又は社会状況を踏まえ、新型インフルエンザ等のまん延を防止するため法第四十五条第二項の規定による要請を行うことが特に必要なものとして厚生労働大臣が定めて公示するもの

２　厚生労働大臣は、前項第十五号に掲げる施設を定めようとするときは、あらかか

じめ、感染症に関する専門的な知識を有する者その他の学識経験者の意見を聴かなければならない。

（感染の防止のために必要な措置）

第十二条　法第四十五条第二項の政令で定める措置は、次のとおりとする。

一　従業員に対する新型インフルエンザ等にかかっているかどうかについての検査を受けることの勧奨

二　新型インフルエンザ等の感染の防止のための入場者の整理及び誘導

三　発熱その他の新型インフルエンザ等の症状を呈している者の入場の禁止

四　手指の消毒設備の設置

五　施設の消毒

六　マスクの着用その他の新型インフルエンザ等の感染の防止に関する措置の入場者に対する周知

七　正当な理由がなく前号に規定する措置を講じない者の入場の禁止

八　前各号に掲げるもののほか、新型インフルエンザ等緊急事態において、新型インフルエンザ等の感染の防止のために必要な措置として厚生労働大臣が定めて公示するもの（注：「新型コロナウイルス感染症のまん延の防止のために必

要な措置及び同感染症の感染の防止のために必要な措置」第二条に定める措置を指す。各号列挙の内容は、前掲・第一条と同旨）

３　施設管理者等が正当な理由がないのに前項の規定による要請に応じないときは、特定都道府県知事は、新型インフルエンザ等のまん延を防止し、国民の生命及び健康を保護し、並びに国民生活及び国民経済の混乱を回避するため特に必要があると認めるときに限り、当該施設管理者等に対し、当該要請に係る措置を講ずべきことを命ずることができる（注：特措法七十九条は、当該命令に違反した場合には、三〇万円以下の過料に処する旨を規定）。

４｜特定都道府県知事は、第一項若しくは第二項の規定による要請又は前項の規定による命令を行う必要があるか否かを判断するに当たっては、あらかじめ、感染症に関する専門的な知識を有する者その他の学識経験者の意見を聴かなければならない。

５｜特定都道府県知事は、第二項の規定による要請又は第三項の規定による命令をしたときは「、遅滞なく」、その旨を公表することができる。

「営業時間の変更」から「当該施設の使用の制限若しくは停止又は催物の開催の制限若しくは停止」へ。まん延防止等重点措置（第三章の二）と緊急事態措置（第四章）では、このように特措法本体に定める措置内容（要請内容）に差異がみられる（注３）とはいえ、

「政令で定める措置」（大臣告示によるものを含む）には、実際には違いがない（表現が少し異なる程度）。

さらに、要請の対象となる者についても、双方の間で運用上違いを設けない。それが、政府の考え方であった。例えば、改正特措法の施行を前にして、内閣官房新型コロナウイルス感染症対策推進室長が各都道府県知事等に宛て発出した事務連絡（令和三年二月十二日付け『新型インフルエンザ等対策特別措置法等の一部を改正する法律』及び『新型インフルエンザ等対策特別措置法等の一部を改正する法律の施行に伴う関係政令の整備に関する政令』の公布について（新型インフルエンザ等対策特別措置法関係）」は、このことに関連して次のようにいう。

第一　改正法及び政令の内容

六　まん延防止等重点措置に係る感染防止の協力要請等（法第三十一条の六）

(一)　まん延防止等重点措置に係る要請の対象となる者（法第三十一条の六第一項及び施行令第五条の四）

まん延防止等重点措置に係る要請の対象については、法第三十一条の六第一項において、「新型インフルエンザ等の発生の状況についての政令で定める事項を勘案して措置を講ずる必要があると認める業態に属する事業を行う者」と規定しており、当該政令で定める事項については、施行令第五条の四において「業態ごとの感染症患者等の数、感染症患者等のうち同一の事実に起因して感染した者の数その他の感染症患者等の発生の状況又は新型インフルエンザ等の発生の動向若しくは原因」と規定している。（略）

このように、法第三十一条の六第一項の要請は、上記の事項を勘案して措置を講ずる必要があると認める「業態」に属する事業者全体に対して行うこと。その上で、要請に応じない個別の事業者に対して、要請を再度行うことは妨げない。

また、ここでの「業態」とは、「営業や企業の状態・形態」を指す言葉であり、法における「業態」の指定の趣旨は、営業の形態に着目して、その時々の発生の動向や感染経路の特徴等を踏まえ、要請の対象を適切に限定することである。

すなわち、「業態」は、例えば「酒を提供する店」「キャバレー」のように具体的な営業の形態や産業の分類を指すこともあれば、「飲食サービスの提供」という営業の形態に着目して広くこれに該当する対象（飲食業）を指すこともある。したがって、感染リスクの高い業態として、例えば「飲食業」を指定することも可能である。

（中略）

なお、法第四十五条第二項に基づき施行令第十一条において定める「多数の者が利用する施設」は、感染リスクの高さや人と人との接触をできる限り抑制するという観点から対象を規定しているものであり、法第三十一条の六の「業態」は、施行令第十一条において定める「多数の者が利用する施設」の範囲内となることを想定している。

（以下、略）

㈣　命令の対象（法第三十一条の六第三項）

法第三十一条の六第三項の命令は、正当な理由がないのに要請に応じない個別の者に対して行うこと。

八　緊急事態措置に係る感染防止の協力要請等（法第四十五条）

㈠　緊急事態措置に係る要請の対象となる者（法第四十五条第二項）

法第四十五条第二項に基づく要請については、原則として、法第二十四条第九項に基づく要請を前置せず、まず法第四十五条第二項の規定に基づく要請を施設類型毎に行い、それに正当な理由がないにもかかわらず応じない場合に、第二段階として法第四十五条第三項の規定に基づく命令を個別の施設管理者等に対して行う。なお、要請に応じない個別の施設管理者等に対して、要請を再度行うことは妨げない。

このように、まん延防止等重点措置に係る感染防止の協力要請にせよ、緊急事態措置に係る感染防止の協力要請にせよ、要請はまず「業態」に属する事業者全体または施設類型ごとに行われる。そして、当該要請に正当な理由がないにもかかわらず応じない事業者や施設管理者等については、個別に命令が発出される。

要請に応じない個別の事業者や施設管理者等に対して、再度の要請を行うことは妨げないとはいうものの、こうした場合を除き、要請の対象が特定されることはない。

そこで、「業態」に属する事業者全体または施設類型ごとに行われる要請については、これを「行政機関がその任務又は所掌事務の範囲内において一定の行政目的を実現するため特定の者に一定の作為又は不作為を求める指導、勧告、助言その他の行為であって処分に該当しないもの」、すなわち行手法二条六号の行政指導に該当すると考えることができるのか、という疑問が生じる。

二の２で引用した令和二年四月二十三日付け事務連絡「第四十五条の規定に基づく要請、指示及び公表について」は、特措法四十五条二項に基づく要請も、あくまで対象を特定して、つまり個別の施設管理者等を対象に行われることを前提としていた。そうした前提が崩れた以上、当然その解釈も変わる。特措法四十五条二項に基づく要請に先行する形で、同法二十四条九項に基づく要請をまず行う。このような前置主義はもはやとらないことも、先にみたように、令和三年二月十二日付け事務連絡では明確にされている（注４）。

したがって、特措法三十一条の六第一項に基づく要請も、同法四十五条二項に基づく要請も、個別の事業者や施設管理者等を対象として行われる例外的な場合を除き、二十四条九項に基づく要請と同様、そのすべてが行手法二条六号の行政指導には該当しない。こう解釈することも、十分に可能であろう。

２　行政処分とは異なる要請

「行政指導にあっては、行政指導に携わる者は、いやしくも当該行政機関の任務又は所掌事務の範囲を逸脱してはならないこと及び行政指導の内容があくまでも相手方の任意の協力によってのみ実現されるものであることに留意しなければならない」。繰返しの煩をいとわずにいえば、行手法三十二条一項はこのように規定する。

特措法に定める要請は、これが行手法二条六号の行政指導に該当する場合においても、「相手方の任意の協力」以外に、要請内容を実現する手段を持たない。その行政指導にも該当しない要請がまったく強制力に欠けることはいうまでもない。ただ、「相手方の任意の協力」以外に要請内容を実現する手段を持たないという点では、双方の間に違いはなく、行政指導に該当するか否かで区別する実益はないともいえる。

要請に応じるか否かは、相手方の自由意思に委ねる。令和三年二月十二日付けの「事務連絡」が「法第三十一条の六、第四十五条　手続きフロー」を示した「別紙一」の冒頭部分で「法第二十四条第九項による要請（注意のため）」と記しているのも、こうした考え方をその背景としているといってよい（注5）。

特措法三十一条の六第三項または四十五条三項に定める命令であれば、行政不服審査法一条二項の「処分」として、同法二条により審査請求の対象となり、行政事件訴訟法三条二項の「処分」として、同法八条により取消訴訟の対象となる（いずれの場合も、「処分」とは「行政庁の処分その他公権力の行使に当たる行為」を意味する。行手法二条二号に同じ）（注6）。

とはいえ、行政処分とは異なる要請は、そのいずれの対象にもならない。ここに要請と命令の大きな違いがある（注7）。

だとすれば、要請に応じた結果、経済的損失を被ったとしても、損失の補償を求めることは難しい。都道府県知事の要請についても、あくまで事業者や施設管理者等として任意に協力したにすぎない（要請に応じ、一定の措置をとることを強制されたわけではない）。特措法を素直に読めば、そのような解釈になろう（注8）。

別表　新型コロナウイルス感染症　2020年４月以降の推移（１）

国	年	月　日	感染者	感染者増加数（前月比）	感染者増加率（４月比）	死亡者	死亡者増加数（前月比）	死亡者増加率（４月比）	致死率［%］
フランス	2020年	４月30日	129,859		100.0	24,087		100.0	18.55
		５月30日	149,668	19,809	115.3	28,714	4,627	119.2	19.19
		６月30日	163,019	13,351	125.5	29,778	1,064	123.6	18.27
		７月30日	183,888	20,869	141.6	30,223	445	125.5	16.44
		８月30日	267,520	83,632	206.0	30,596	373	127.0	11.44
		９月30日	544,332	276,812	419.2	31,815	1,219	132.1	5.84
		10月30日	1,241,652	697,320	956.2	35,811	3,996	148.7	2.88
		11月30日	2,222,827	981,175	1,711.7	52,200	16,389	216.7	2.35
		12月30日	2,619,616	396,789	2,017.3	63,235	11,035	262.5	2.41
	2021年	１月30日	3,212,640	593,024	2,473.9	75,765	12,530	314.5	2.36
		２月28日	3,747,263	534,623	2,885.6	85,741	9,976	356.0	2.29
		３月30日	4,615,295	868,032	3,554.1	95,114	9,373	394.9	2.06
		４月30日	5,653,533	1,038,238	4,353.6	104,385	9,271	433.4	1.85
イギリス	2020年	４月30日	165,221		100.0	26,097		100.0	15.80
		５月30日	271,222	106,001	164.2	38,161	12,064	146.2	14.07
		６月30日	313,470	42,248	189.7	43,659	5,498	167.3	13.93
		７月30日	303,063	-10,407	183.4	46,046	2,387	176.4	15.19
		８月30日	334,916	31,853	202.7	41,585	-4,461	159.3	12.42
		９月30日	448,729	113,813	271.6	42,162	577	161.6	9.40
		10月30日	968,456	519,727	586.2	46,045	3,883	176.4	4.75
		11月30日	1,621,305	652,849	981.3	58,342	12,297	223.6	3.60
		12月30日	2,336,688	715,383	1,414.3	71,217	12,875	272.9	3.05
	2021年	１月30日	3,783,593	1,446,905	2,290.0	104,572	33,355	400.7	2.76
		２月28日	4,182,772	399,179	2,531.6	122,939	18,367	471.1	2.94
		３月30日	4,351,796	169,024	2,633.9	126,857	3,918	486.1	2.92
		４月30日	4,429,849	78,053	2,681.2	127,759	902	489.6	2.88
イタリア	2020年	４月30日	203,591		100.0	27,682		100.0	13.60
		５月30日	232,248	28,657	114.1	33,229	5,547	120.0	14.31
		６月30日	240,436	8,188	118.1	34,744	1,515	125.5	14.45
		７月30日	246,776	6,340	121.2	35,129	385	126.9	14.24
		８月30日	266,853	20,077	131.1	35,473	344	128.1	13.29
		９月30日	313,011	46,158	153.7	35,875	402	129.6	11.46
		10月30日	616,595	303,584	302.9	38,122	2,247	137.7	6.18
		11月30日	1,585,178	968,583	778.6	54,904	16,782	198.3	3.46
		12月30日	2,056,277	471,099	1,010.0	72,370	17,466	261.4	3.52
	2021年	１月30日	2,529,070	472,793	1,242.2	87,858	15,488	317.4	3.47
		２月28日	2,907,825	378,755	1,428.3	97,507	9,649	352.2	3.35
		３月30日	3,544,957	637,132	1,741.2	108,350	10,843	391.4	3.06
		４月30日	4,009,208	464,251	1,969.2	120,544	12,194	435.5	3.01

スウェーデン	2020年	４月30日	20,302		100.0	2,462		100.0	12.13
		５月30日	36,476	16,174	179.7	4,350	1,888	176.7	11.93
		６月30日	67,667	31,191	333.3	5,310	960	215.7	7.85
		７月30日	79,782	12,115	393.0	5,730	420	232.7	7.18
		８月30日	83,958	4,176	413.5	5,821	91	236.4	6.93
		９月30日	92,466	8,508	455.5	5,890	69	239.2	6.37
		10月30日	121,167	28,701	596.8	5,934	44	241.0	4.90
		11月30日	243,129	121,962	1,197.6	6,681	747	271.4	2.75
		12月30日	396,048	152,919	1,950.8	8,279	1,598	336.3	2.09
	2021年	１月30日	566,957	170,909	2,792.6	11,591	3,312	470.8	2.04
		２月28日	657,309	90,352	3,237.7	12,826	1,235	521.0	1.95
		３月30日	780,018	122,709	3,842.1	13,402	576	544.4	1.72
		４月30日	967,678	187,660	4,766.4	14,002	600	568.7	1.45
スペイン	2020年	４月30日	236,899		100.0	24,275		100.0	10.25
		５月30日	238,564	1,665	100.7	27,121	2,846	111.7	11.37
		６月30日	248,970	10,406	105.1	28,346	1,225	116.8	11.39
		７月30日	282,641	33,671	119.3	28,441	95	117.2	10.06
		８月30日	439,286	156,645	185.4	29,011	570	119.5	6.60
		９月30日	748,266	308,980	315.9	31,411	2,400	129.4	4.20
		10月30日	1,160,083	411,817	489.7	35,639	4,228	146.8	3.07
		11月30日	1,628,208	468,125	687.3	44,668	9,029	184.0	2.74
		12月30日	1,879,413	251,205	793.3	50,122	5,454	206.5	2.67
	2021年	１月30日	2,743,119	863,706	1,157.9	58,319	8,197	240.2	2.13
		２月28日	3,188,553	445,434	1,346.0	69,142	10,823	284.8	2.17
		３月30日	3,270,825	82,272	1,380.7	75,199	6,057	537.1	2.30
		４月30日	3,514,942	244,117	1,483.7	78,080	2,881	557.6	2.22
ブラジル	2020年	４月30日	78,162		100.0	5,466		100.0	6.99
		５月30日	465,166	387,004	595.1	27,878	22,412	510.0	5.99
		６月30日	1,368,195	903,029	1,750.5	58,314	30,436	1,066.8	4.26
		７月30日	2,552,265	1,184,070	3,265.4	90,134	31,820	1,649.0	3.53
		８月30日	3,846,153	1,293,888	4,920.7	120,262	30,128	2,200.2	3.13
		９月30日	4,777,522	931,369	6,112.3	142,921	22,659	2,614.7	2.99
		10月30日	5,494,376	716,854	7,029.5	158,969	16,048	2,908.3	2.89
		11月30日	6,314,740	820,364	8,079.0	172,833	13,864	3,162.0	2.74
		12月30日	7,504,833	1,190,093	9,601.6	191,570	18,737	3,504.8	2.55
	2021年	１月30日	9,118,513	1,613,680	11,666.2	222,666	31,096	4,073.7	2.44
		２月28日	10,517,232	1,398,719	13,455.7	254,221	31,555	4,651.0	2.42
		３月30日	12,573,615	2,056,383	16,086.6	313,866	59,645	5,742.2	2.50
		４月30日	14,590,678	2,017,063	18,667.2	401,186	87,320	7,339.7	2.75

注）イギリスについては、感染者数や死亡者数が前月比でマイナスとなった月があるが、集計方法の変更によるものと思われる。

出所）厚生労働省「新型コロナウイルス感染症の現在の状況と厚生労働省の対応について」（海外の状況）による。

別表　新型コロナウイルス感染症　2020年４月以降の推移（２）

国	年	月　日	感染者	感染者増加数（前月比）	感染者増加率（４月比）	死亡者	死亡者増加数（前月比）	死亡者増加率（４月比）	致死率［%］
アメリカ	2020年	４月30日	1,038,451		100.0	60,876		100.0	5.86
		５月30日	1,745,636	707,185	168.1	102,808	41,932	168.9	5.89
		６月30日	2,588,582	842,946	249.3	126,133	23,325	207.2	4.87
		７月30日	4,426,982	1,838,400	426.3	150,713	24,580	247.6	3.40
		８月30日	5,961,094	1,534,112	574.0	182,761	32,048	300.2	3.07
		９月30日	7,190,230	1,229,136	692.4	205,986	23,225	338.4	2.86
		10月30日	8,944,934	1,754,704	861.4	228,656	22,670	375.6	2.56
		11月30日	13,383,320	4,438,386	1,288.8	266,873	38,217	438.4	1.99
		12月30日	19,301,543	5,918,223	1,858.7	334,836	67,963	550.0	1.73
	2021年	１月30日	25,932,794	6,631,251	2,497.3	436,799	101,963	717.5	1.68
		２月28日	28,554,465	2,621,671	2,749.7	511,994	75,195	841.0	1.79
		３月30日	30,331,025	1,776,560	2,920.8	550,003	38,009	903.5	1.81
		４月30日	32,288,689	1,957,664	3,109.3	575,193	25,190	944.9	1.78
ドイツ	2020年	４月30日	161,539		100.0	6,467		100.0	4.00
		５月30日	182,922	21,383	113.2	8,504	2,037	131.5	4.65
		６月30日	195,042	12,120	120.7	8,976	472	138.8	4.60
		７月30日	208,546	13,504	129.1	9,135	159	141.3	4.38
		８月30日	242,835	34,289	150.3	9,299	164	143.8	3.83
		９月30日	290,471	47,636	179.8	9,483	184	146.6	3.26
		10月30日	498,354	207,883	308.5	10,305	822	159.3	2.07
		11月30日	1,055,691	557,337	653.5	16,306	6,001	252.1	1.54
		12月30日	1,672,643	616,952	1,035.4	31,145	14,839	481.6	1.86
	2021年	１月30日	2,207,393	534,750	1,366.5	56,286	25,141	870.4	2.55
		２月28日	2,444,177	236,784	1,513.1	70,092	13,806	1,083.8	2.87
		３月30日	2,794,949	350,772	1,730.2	76,139	6,047	1,177.3	2.72
		４月30日	3,391,039	596,090	2,099.2	82,865	6,726	1,281.4	2.44
インド	2020年	４月30日	31,787		100.0	1,008		100.0	3.17
		５月30日	165,799	134,012	521.6	4,706	3,698	466.9	2.84
		６月30日	548,318	382,519	1,725.0	16,475	11,769	1,634.4	3.00
		７月30日	1,581,963	1,033,645	4,976.8	34,955	18,480	3,467.8	2.21
		８月30日	3,542,733	1,960,770	11,145.2	63,498	28,543	6,299.4	1.79
		９月30日	6,145,291	2,602,558	19,332.7	96,318	32,820	9,555.4	1.57
		10月30日	8,088,851	1,943,560	25,447.0	121,090	24,772	12,012.9	1.50
		11月30日	9,431,691	1,342,840	29,671.5	137,139	16,049	13,605.1	1.45
		12月30日	10,224,303	792,612	32,165.0	148,153	11,014	14,697.7	1.45
	2021年	１月30日	10,733,130	508,827	33,765.8	154,147	5,994	15,292.4	1.44
		２月28日	11,096,731	363,601	34,909.7	157,051	2,904	15,580.5	1.42
		３月30日	12,039,644	942,913	37,876.0	162,114	5,063	16,082.7	1.35
		４月30日	18,376,524	6,336,880	57,811.4	204,832	42,718	20,320.6	1.11

日本	2020年	４月30日	14,088		100.0	415		100.0	2.95
		５月30日	16,804	2,716	119.3	886	471	213.5	5.27
		６月30日	18,593	1,789	132.0	972	86	234.2	5.23
		７月30日	33,049	14,456	234.6	1,004	32	241.9	3.04
		８月30日	67,264	34,215	477.5	1,264	260	304.6	1.88
		９月30日	83,010	15,746	589.2	1,564	300	376.9	1.88
		10月30日	99,622	16,612	707.1	1,744	180	420.2	1.75
		11月30日	146,760	47,138	1,041.7	2,119	375	510.6	1.44
		12月30日	223,120	76,360	1,583.8	3,306	1,187	796.6	1.48
	2021年	１月30日	383,083	159,963	2,719.2	5,546	2,240	1,336.4	1.45
		２月28日	431,740	48,657	3,064.6	7,860	2,314	1,894.0	1.82
		３月30日	470,175	38,435	3,337.4	9,086	1,226	2,189.4	1.93
		４月30日	586,782	116,607	4,165.1	10,194	1,108	2,456.4	1.74
韓国	2020年	４月30日	10,765		100.0	247		100.0	2.29
		５月30日	11,441	676	106.3	269	22	108.9	2.35
		６月30日	12,800	1,359	118.9	282	13	114.2	2.20
		７月30日	14,269	1,469	132.5	300	18	121.5	2.10
		８月30日	19,699	5,430	183.0	323	23	130.8	1.64
		９月30日	23,812	4,113	221.2	413	90	167.2	1.73
		10月30日	26,385	2,573	245.1	463	50	187.4	1.75
		11月30日	34,201	7,816	317.7	526	63	213.0	1.54
		12月30日	58,725	24,524	545.5	859	333	347.8	1.46
	2021年	１月30日	77,850	19,125	723.2	1,414	555	572.5	1.82
		２月28日	89,676	11,826	833.0	1,603	189	649.0	1.79
		３月30日	102,582	12,906	952.9	1,729	126	700.0	1.69
		４月30日	122,007	19,425	1,133.4	1,828	99	740.1	1.50
世界計／平均	2020年	４月30日	3,149,612		100.0	226,191		100.0	7.18
		５月30日	5,876,136	2,726,524	186.6	363,823	137,632	160.8	6.19
		６月30日	10,239,954	4,363,818	325.1	504,617	140,794	223.1	4.93
		７月30日	16,991,353	6,751,399	539.5	666,734	162,117	294.8	3.92
		８月30日	24,958,459	7,967,106	792.4	842,206	175,472	372.3	3.37
		９月30日	33,515,038	8,556,579	1,064.1	1,006,189	163,983	444.8	3.00
		10月30日	44,922,254	11,407,216	1,426.3	1,180,529	174,340	521.9	2.63
		11月30日	62,680,953	17,758,699	1,990.1	1,458,755	278,226	644.9	2.33
		12月30日	81,277,450	18,596,497	2,580.6	1,774,544	315,789	784.5	2.18
	2021年	１月30日	102,068,126	20,790,676	3,240.7	2,206,406	431,862	975.5	2.16
		２月28日	113,785,383	11,717,257	3,612.7	2,525,402	318,996	975.5	2.22
		３月30日	127,587,650	13,802,267	4,050.9	2,791,725	266,323	1234.2	2.19
		４月30日	150,131,857	22,544,207	4,766.7	3,162,200	370,475	1398.0	2.11

出所）厚生労働省「新型コロナウイルス感染症の現在の状況と厚生労働省の対応について」（海外の状況）による。

四　まとめにかえて

要請があれば、黙って従う。緊急事態宣言下の要請については、それが今や常識となりつつある。

レピュテーション・リスクを口にする者もいる。要請に従わないことによって、会社や法人の評価が落ちるようなことがあっては困る。そんな心配も、わからないではない。

しかし、行政もときにはミスをする（注9）。行き過ぎがあった場合には、誰かがそれを正さなければならない。

特措法に定める要請には、これに従う法的義務がない。同法を虚心坦懐に読めば、そのような解釈に落ち着く。そうである以上、要請に従ったことにより、たとえ損失を被ったとしても、行政の責任は問えない。

他方、要請に従ったことによって問題が生じた場合、行政の要請に従ったというだけでは、その責任を免れない。例えば、学生から対面授業が実施されなかったことにより損害を被ったとして、その賠償を求める訴訟が提起された場合、授業の全面オンライン化は、それが行政の要請に従ったものであっても、それだけでは免責事由とはならない。

そうした自覚と覚悟を持って、行政と向き合うことができるかどうか。それが今、問われているのである。

なお、三〇六頁以下の別表にみるように、新型コロナウイルス感染症による致死率（感染者に占める死亡者の割合）は、わが国だけでなく、世界全体でみても、ほぼ一貫して低下傾向をたどっている【二〇二二年四月三十日現在、一・二二％にまで低下】。その意味でも、要請があれば無条件に従うというような過剰反応は、厳に慎むべきであろう。

注

（１）　特措法二十三条一項を参照。

（２）　正確には、新型インフルエンザ等緊急事態措置を実施すべき区域内にある市町村（特定市町村）の属する都道府県（特定都道府県）の知事のことをいう。特措法三十八条一項を参照。ただし、緊急事態措置を実施すべき区域は、実際には都道府県を単位に指定されてきたという経緯がある。

（３）　なお、後述する令和三年二月十二日付け事務連絡・第一の六の㈡では、「法第四十五条第二項に基づき要請することができる『施設の使用の制限』には、『営業時間の変更』のほか、『施設の一部を休業すること』（例えば、複合施設内の食料品店以外の店舗の休業）が含まれる。これに対し、法第三十一条の六第一項に基づき要請することができる『営業時間の変更』は、休業まで至らない営業時間の制約を想定している」ともされている。

（４）　このことに関連して、事務連絡・第一の三では、「法第二十四条第九項に基づいて、営業時間の変更を含む施設の使用制限等の要請を行うことは可能である」としつつ、「まん延防止等重点措置又は緊急事態宣言の公示に係る期間・区域において営業時間の変更等又は施設の使用の制限・停止等の要請を行う場合には、原則として法第三十一条の六第一項又は第四十五条第二項の要請によること」ともされている。

(5) なお、要請の大半は、この特措法二十四条九項に基づく要請によって占められている。

(6) 令和三年二月十二日付け事務連絡・第一の十四を参照。

(7) 罰則（行政罰）の適用という点でも違いがある。つまり、命令に違反した場合に初めて、過料制裁の対象となる。なお、公表は、要請と命令の双方について可能とされているが、その目的は「制裁ではなく、利用者の合理的な行動を確保すること」にある。ちなみに、「公表によりかえって多くの利用者が集まるなど、公表が利用者の合理的な行動を確保することにつながらないことが想定されることから」、「法第四十五条第五項について、『公表しなければならない』ものから『公表することができる』ものに改正」されたことに注意（以上につき、令和三年二月十二日付け事務連絡・第一の六㈧および八㈤を参照）。

(8) 損失補償等について規定した特措法六十二条も、このようなケースを対象とはしていない。

(9) テーマパークや遊園地に対して無観客開催を要請したのは、その典型といえる。各都道府県知事等に宛てた、内閣官房新型コロナウイルス感染症対策推進室長名の令和三年四月二十三日付け事務連絡「基本的対処方針に基づく催物の開催制限、施設の使用制限等に係る留意事項について」を参照。東京都も大阪府も、これを無修正でそのまま要請内容としたのは、滑稽ですらあった。

（令和三年九月三十日）

第三章　新型コロナウイルス感染症をめぐる折々の発言

一　東京オリンピックの開催を前にして――頑張れニッポン

東京都で新たに八三〇人の感染を確認。二四日連続で前週を上回る。東京オリンピックの開会式を一〇日後に控えた令和三年七月十三日（注：一部の競技は、同月二十一日から開始）、この日も、首都東京では新型コロナウイルス感染症の感染者数が増え、ここに問題の核心があるかのような報道が行われた。

だが、東京都の人口は一四〇〇万人を超える（令和二年の総務省「国勢調査」によれば、一四〇六万四六九六人）。一日当たりの新規感染者がたとえ一〇〇〇人に達したとしても、都民一万四〇〇〇人に一人の割合で、感染者が新たに出たというにとどまる。

表1にみるように、人口百万人当たりでみた感染者数（累計）は、G７の参加七か国のなかでは最も少ない。他の六か国と比べると、一桁も二桁も違う。こうした状況が今年に入ってもずっと続いている。

また、**表2**からもわかるように、人口百万人当たりでみた死亡者数（累計）も、七か国のなかでは群を抜いて少ない。

こうしたなか、新型コロナワクチンも、令和三年七月十三日の公表データ（同月十二日までの計）によると、一回目の接種者数が三八五〇万人強（三八五一万三三四〇人）、二回目の接種者数も二三五〇万人弱（二三四八万一〇三四人）を数えるところまできた。

ワクチン接種が進むと、仮に感染者が増えても、死亡者の増加は抑えられる。

例えば、ワクチン接種の先進国といわれるイギリスの場合、二〇二一年六月一日から七月一日の一か月間における人口百万人当たりでみた感染者増加数は四六五一人と、G7の参加七か国のなかでは最も多かったものの、死亡者増加数は五人と最も少なかった（**表3**および**表4**を参照）。

ちなみに、イギリス以上にワクチン接種が進んでいることで知られるイスラエルでも、直近の一か月では感染者が増えたとはいえ、死亡者は激減している（**表5**を参照）。

このようなワクチン接種の効果が、オリンピック・パラリンピックの開催国である日本でも顕著な形で現われることを期待したい。

（令和三年七月十四日）

表１　人口百万人当たりでみた累計感染者数の推移（2021 年上半期、G７）

	１月１日	２月１日	３月１日	４月１日	５月１日	６月１日	７月１日
アメリカ	60,681	79,575	86,930	92,565	98,294	101,088	102,305
フランス	41,113	49,991	57,535	72,241	87,177	87,959	89,625
イギリス	36,965	56,689	62,029	64,564	65,634	66,685	71,336
イタリア	34,800	42,164	48,312	59,206	66,435	69,658	70,354
ドイツ	21,080	26,649	29,339	34,049	40,775	44,182	44,736
カナダ	15,621	20,915	23,300	26,431	32,834	37,137	38,032
日　本	1,848	3,070	3,411	3,742	4,663	5,886	6,306

出所）厚生労働省「新型コロナウイルス感染症の現在の状況と厚生労働省の対応について」をもとに算出。

　なお、人口はＷＨＯのデータ（2019年）による。以下、表２～表５についても同じ。

表２　人口百万人当たりでみた累計死亡者数の推移（2021 年上半期、G７）

	１月１日	２月１日	３月１日	４月１日	５月１日	６月１日	７月１日
イタリア	1,225	1,462	1,614	1,806	1,995	2,083	2,107
イギリス	1,090	1,575	1,823	1,880	1,892	1,896	1,901
アメリカ	1,051	1,341	1,559	1,678	1,750	1,807	1,838
フランス	994	1,170	1,316	1,471	1,607	1,684	1,708
ドイツ	405	684	840	917	995	1,061	1,089
カナダ	418	535	588	614	647	682	702
日　本	27	45	62	72	81	103	117

表３　人口百万人当たりでみた感染者増加数の推移（2021 年上半期、G７）

	１/１～２/１	２/１～３/１	３/１～４/１	４/１～５/１	５/１～６/１	６/１～７/１
イギリス	19,724	5,341	2,535	1,070	1,051	4,651
フランス	8,878	7,544	14,706	14,936	782	1,666
アメリカ	18,894	7,355	5,635	5,729	2,794	1,217
カナダ	5,294	2,385	3,130	6,403	4,303	896
イタリア	7,364	6,148	10,894	7,230	3,223	695
ドイツ	5,569	2,690	4,710	6,726	3,407	554
日　本	1,223	341	331	921	1,223	420

表４　人口百万人当たりでみた死亡者増加数の推移（2021 年上半期、G７）

	１/１～２/１	２/１～３/１	３/１～４/１	４/１～５/１	５/１～６/１	６/１～７/１
アメリカ	290	218	118	73	57	31
ドイツ	280	156	77	78	66	28
イタリア	237	152	192	189	88	24
フランス	176	146	154	136	77	24
カナダ	117	53	26	34	35	20
日　本	18	17	10	8	22	14
イギリス	485	248	57	12	4	5

表５　人口百万人当たりでみたイスラエルの感染者・死亡者増加数の推移（2021 年上半期）

	１/１～２/１	２/１～３/１	３/１～４/１	４/１～５/１	５/１～６/１	６/１～７/１
感染者増加数	25,845	15,538	6,726	631	117	270
死亡者増加数	173	112	54	18	6	2

二　公表データからみた新型コロナウイルス感染症
――日本における第三波から第六波までの感染者数等の推移

新型コロナウイルス感染症は、いわゆる第六波の最中にあるとされる。しかし、感染者数（無症状の者を含む陽性者数）が急増している割には、重症者数や死亡者数（死亡者数には、死後のＰＣＲ検査で陽性となった者を含む）は増加していない。厚生労働省が毎日更新している「新型コロナウイルス感染症の現在の状況と厚生労働省の対応について」のデータからは、第六波のそうした傾向を読み取ることができる。

表Ａは、第三波から第五波までおよび第六波の一部を含む、新型コロナウイルス感染症の最近一年間における感染者数等の推移を一〇日刻みでみたもの（毎月十日、二十日および三十日［令和三年二月のみ二十八日］の数値を示したもの）であるが、同表からわかることを箇条書きにして示すと、およそ次のようになる。

① 第三波と第四波との間には、ピーク時の感染者増加数（六万人弱）、重症者数（一〇〇〇人～一三〇〇人台）および死亡者増加数（約一〇〇〇人、一日平均約一〇〇人）のいずれの指標でみても、大きな差異はない。

② 第五波では、第三波・第四波に比べ、ピーク時の感染者増加数こそ約四倍（二三万人

弱）にまで膨れ上がったものの、重症者数は約二倍（二二二三人）に増加するにとどまった。また、死亡者増加数は、第三波・第四波のおよそ六割（令和三年九月十日までの一一日間で六五七人、一日平均約六〇人）にまで減少した。

③　第六波も間もなくピークを迎えると考えられるが、感染者数は第五波をさらに上回る勢いで増加しているとはいえ、第五波のピークと比較すると、令和四年一月三十日現在、重症者数は三分の一強（七六七人）、死亡者増加数も半数に満たないレベル（同日までの一〇日間で二七二人、一日平均約二七人。**表B**からもわかるように、アメリカとは二桁、ヨーロッパとも一桁違う）にとどまっている。

このように、新型コロナウイルス感染症は、感染力こそ強くなっているものの、以前に比べ、重症化のリスクはかなり低くなっており、令和四年一月十六日には致死率（合計死亡者数／合計感染者数）もついに一％を切り、その後もかつてないスピードで低下を続けている（一月三十日現在、〇・七二％【四月三十日現在、〇・三八％】）。

感染者数のピークアウトが基本的には集団免疫の獲得によってもたらされるものであるとすれば、感染拡大（まん延）の防止にはあまり意味がない。むしろピークアウトの時期を遅らせる可能性すらある。感染症対策を考えるに当たっては、その可能性にも留意する必要があろう。

（令和四年一月三十日）

表Ａ　新型コロナウイルス感染症の日本における感染者数等の推移

（単位：人／％）

年	月　日	感染者数	感染者増加数（前期比）	重症者数	重症者数（前期比）	死亡者数	死亡者増加数（前期比）	致死率
令和２年	12月30日	223,120	―	668	―	3,306	―	1.48
令和３年	１月10日	280,775	57,655	852	184	3,996	690	1.42
	１月20日	339,774	58,999	1,014	162	4,647	651	1.37
	１月30日	383,083	43,309	974	**-40**	5,546	899	1.45
	２月10日	408,186	25,103	736	**-238**	6,557	1,011	1.61
	２月20日	423,311	15,125	526	**-210**	7,333	776	1.73
	２月28日	431,740	8,429	434	**-92**	7,860	527	1.82
	３月10日	441,729	9,989	364	**-70**	8,353	493	1.89
	３月20日	454,158	12,429	332	**-32**	8,790	437	1.94
	３月30日	470,175	16,017	368	36	9,086	296	1.93
	４月10日	499,793	29,618	511	143	9,353	267	1.87
	４月20日	537,317	37,524	769	258	9,671	318	1.80
	４月30日	586,782	49,465	978	209	10,194	523	1.74
	５月10日	640,044	53,262	1,152	174	10,876	682	1.70
	５月20日	698,254	58,210	1,288	136	11,940	1,064	1.71
	５月30日	741,674	43,420	1,347	59	12,920	980	1.74
	６月10日	767,808	26,134	1,015	**-332**	13,841	921	1.80
	６月20日	784,000	16,192	714	**-301**	14,400	559	1.84
	６月30日	798,159	14,159	523	**-191**	14,740	340	1.85
	７月10日	816,242	18,083	428	**-95**	14,933	193	1.83
	７月20日	844,014	27,772	406	**-22**	15,060	127	1.78
	７月30日	902,718	104,559	626	220	15,173	113	1.68
	８月10日	1,043,625	140,907	1,230	604	15,297	124	1.47
	８月20日	1,227,340	183,715	1,816	586	15,534	237	1.27
	８月30日	1,454,364	227,024	2,075	259	15,946	412	1.10
	９月10日	1,613,841	159,477	2,125	50	16,603	657	1.03
	９月20日	1,676,711	62,870	1,454	**-671**	17,204	601	1.03
	９月30日	1,699,636	22,925	932	**-522**	17,605	401	1.04
	10月10日	1,710,394	10,758	483	**-449**	17,927	322	1.05
	10月20日	1,715,364	4,970	276	**-207**	18,146	219	1.06
	10月30日	1,722,325	6,961	134	**-142**	18,253	107	1.06
	11月10日	1,724,514	2,189	96	**-34**	18,316	63	1.06
	11月20日	1,726,219	1,705	62	**-34**	18,342	26	1.06
	11月30日	1,727,221	1,002	41	**-21**	18,359	17	1.06
	12月10日	1,728,410	1,189	27	**-14**	18,371	12	1.06
	12月20日	1,729,964	1,554	27	0	18,379	8	1.06
	12月30日	1,732,835	2,871	46	19	18,393	14	1.06
令和４年	１月10日	1,765,604	32,769	90	44	18,403	10	1.04
	１月20日	1,972,893	207,289	287	197	18,457	54	0.94
	１月30日	2,584,596	611,703	767	480	18,729	272	0.72

注）令和３年１月、２月、４月、６月～９月、11月、令和４年１月の各10日の欄に記した感染者増加数、死亡者増加数は、前月31日の分を含む11日分の計。そこで、令和３年２月９日までおよび９月９日までの10日分でみると、網掛けで示した死亡者増加数は、それぞれ920人、579人となる。ちなみに、第５波の重症者数のピークは、同年９月３日の2223人【第６波のピークは、令和４年２月26日の1507人】。

出所）厚生労働省「新型コロナウイルス感染症の現在の状況と厚生労働省の対応について」による。感染者数、重症者数および死亡者数はそれぞれの日の公表値。

表B　新型コロナウイルス感染症　欧米諸国と日本の比較（2022年1月30日現在）

アメリカ			
2022年１月	感染者数（人）	死亡者数（人）	致死率（%）
30日	74,235,709	883,934	1.19
１日	54,743,982	825,536	1.51
増減	19,491,727	58,398	**-0.32**

イギリス			
2022年１月	感染者数（人）	死亡者数（人）	致死率（%）
30日	16,519,768	156,137	0.95
１日	13,011,556	149,096	1.15
増減	3,508,212	7,041	**-0.20**

フランス			
2022年１月	感染者数（人）	死亡者数（人）	致死率（%）
30日	18,928,572	131,449	0.69
１日	10,077,783	124,729	1.24
増減	8,850,789	6,720	**-0.54**

ドイツ			
2022年１月	感染者数（人）	死亡者数（人）	致死率（%）
30日	9,774,847	117,730	1.20
１日	7,193,186	112,111	1.56
増減	2,581,661	5,619	**-0.35**

日本			
2022年１月	感染者数（人）	死亡者数（人）	致死率（%）
30日	2,584,596	18,729	0.72
１日	1,733,788	18,393	1.06
増減	850,808	336	**-0.34**

出所）厚生労働省「新型コロナウイルス感染症の現在の状況と厚生労働省の対応について」をもとに作表。【参考】に同じ。

【参考】 新型コロナウイルス感染症　欧米諸国と日本の比較（2022年4月30日現在）

アメリカ			
2022年	感染者数（人）	死亡者数（人）	致死率（%）
４月30日	81,325,716	993,588	1.22
１月１日	54,743,982	825,536	1.51
増減	26,581,734	168,052	**-0.29**

イギリス			
2022年	感染者数（人）	死亡者数（人）	致死率（%）
４月30日	22,213,947	175,552	0.79
１月１日	13,011,556	149,096	1.15
増減	9,202,391	26,456	**-0.36**

フランス			
2022年	感染者数（人）	死亡者数（人）	致死率（%）
４月30日	28,786,413	146,906	0.51
１月１日	10,077,783	124,729	1.24
増減	18,708,630	22,177	**-0.73**

ドイツ			
2022年	感染者数（人）	死亡者数（人）	致死率（%）
４月30日	24,798,067	135,451	0.55
１月１日	7,193,186	112,111	1.56
増減	17,604,881	23,340	**-1.01**

日本			
2022年	感染者数（人）	死亡者数（人）	致死率（%）
４月30日	7,850,252	29,548	0.38
１月１日	1,733,788	18,393	1.06
増減	6,116,464	11,155	**-0.68**

2　下級審判例／労委命令

判例・労委命令 索引

1　最高裁判例

3　事務連絡

2　行政通達

告示・通達・事務連絡 索引

1 大臣告示

【外国法】

ラ行

ヤ行

ハ行

マ行

ナ行

サ行

カ行

法 令 索 引

ア行

初 出 一 覧

第1部　講話編 —— 40 Stories

「現場からみた労働法」第 81 回～第 120 回
『文部科学教育通信』489 号（令和２年８月 10 日号）
～528 号（令和４年３月 28 日号）所収

第2部　思索編 —— 3 Articles

第１章　「労働時間の通算」に異議あり——改定された副業・兼業ガイドライン
『アドバンスニュース』連載
（令和２年９月 14 日～18 日）

第２章　新型インフルエンザ等対策特別措置法と要請
『関西外国語大学　研究論集』114 号所収
（令和３年９月 30 日）

第３章　新型コロナウイルス感染症をめぐる折々の発言
（令和３年７月 14 日、令和４年１月 30 日）

著者紹介　小嶌典明（こじま・のりあき）

昭和27年大阪市生まれ
神戸大学大学院法学研究科博士前期課程修了
関西外国語大学外国語学部教授
大阪大学名誉教授、同博士（法学）
労働法専攻

主要著書

職場の法律は小説より奇なり
労働市場改革のミッション
労働法の「常識」は現場の「非常識」——程良い規制を求めて
労働法改革は現場に学べ！——これからの雇用・労働法制
国立大学法人と労働法
法人職員・公務員のための労働法72話
法人職員・公務員のための労働法　判例編
公務員法と労働法の交錯（豊本治氏との共編著）
労働法とその周辺——神は細部に宿り給ふ
メモワール労働者派遣法——歴史を知れば、今がわかる
現場からみた労働法——働き方改革をどう考えるか
現場からみた労働法２——雇用社会の現状をどう読み解くか

現場からみた労働法 3
——コロナ禍の現状をどう読み解くか——

令和4年5月26日　第1版第1刷発行

著　者　小嶌　典明

発行人　加藤　勝博

発行所　株式会社ジアース教育新社

〒101-0054

東京都千代田区神田錦町1-23

宗保第2ビル5階

TEL 03-5282-7183　FAX 03-5282-7892

DTP・印刷　株式会社創新社

ISBN978-4-86371-631-5

○定価はカバーに表示してあります。

Printed in Japan